WIE ICH ALLE GRENZEN ÜBERSCHRITT

ROSWITHA GASSMANN

Wie ich alle Grenzen überschritt

33 Reiseleitungen –
noch bevor das Internet aufkam

Telegramme Verlag

Eine Lösung gibt es immer. Man muss sie nur finden.
Und sie kann mehr oder weniger gut sein.

© 2021 Telegramme Verlag, Zürich
www.neue-telegramme.ch
Umschlag: Perikles Monioudis
Printed in the EU
Alle Rechte vorbehalten
ISBN 978-3-907198-95-7

Berge von Pfefferschoten – ein Vorwort

Vor ein paar Jahren saß ich in Bangkok fest. Weihnachten und Neujahr waren vorbei, und alle Flüge waren ausgebucht. So sah ich mich gezwungen, ein paar Tage lang in Bangkok auszuharren. Nicht, dass es mir ungelegen gekommen wäre. Ich wohnte in einem schönen Hotel hoch über dem Chao Phraya – neben dem Mekong der größte und wichtigste Fluss Thailands. Die Lebensqualität in Bangkok war zwar nicht gut, die Luft miserabel, und der Verkehr nur in Kairo noch schlimmer. Taxifahrer wollten einen auch hier dauernd übers Ohr hauen. Sie stellten den Taxameter nicht ein und versuchten, die Touristen in Schmuck- und Seidengeschäfte abzuschleppen. Sonst fuhren sie nicht. Die Taxifahrer vor den Hotels waren jedenfalls so. Es lohnte sich für sie, auf einen ahnungslosen Touristen zu warten, der darauf hereinfiel. Oder der Pigeon English nicht so gut verstand, um zu kapieren, dass der Taxifahrer ihn zwar an sein Ziel bringen würde, aber nur, nachdem er ausgiebig eingekauft hatte. Es gibt Leute, die buchstäblich nie an der Zieladresse ankamen und letztlich frustriert – nach Stunden der Herumkutscherei – wieder im Hotel landeten. Sie hatten ein paar Plastiktaschen dabei, das Taxi massiv überzahlt und den berühmten Wat Phra Keo, den sie eigentlich besuchen wollten, nicht gesehen. Sie wussten, dass sie hereingelegt worden waren und fühlten sich dabei auch noch schuldig. Weil sie nicht raffiniert genug waren, das Spiel zu durchschauen und sich zu wehren. In diesem Bangkok saß ich nun.

Die Temperaturen waren angenehm. Kühl nennen die Thais: nur etwa 22 (nachts) bis 27 Grad Celsius (tagsüber), trocken. Die Tempel kannte ich auswendig, und so beschloss ich, das gepflegte Hotel ein bisschen zu genießen und mindestens einmal am Tag schwimmen zu gehen. Daneben, so dachte ich, würde ich Zeit haben, Erlebnisse aufzuzeichnen, die ich in den zwanzig Jahren der Reiseleiterei hatte. Aber es kam anders. Ich atmete die Gerüche Bangkoks ein, Aromen Asiens, und schon war ich nicht mehr zu halten in meinem Zimmer. Täglich zog ich hinaus, mit dem Busfahrplan und einem kleinen Rucksack ausgestattet, in dem ich immer Lesestoff und Tee mitführte. Manchmal ging ich eine Nudelsuppe essen, oft musste ich auf den Bus warten. Um nicht ungeduldig zu werden, las ich. Bei meinen täglichen Streifzügen entdeckte ich ein Bangkok, das wohl die meisten Touristen nicht kennen, und ich war begeistert, dass es das authentische, von Touristen unverdorbene Leben immer noch gab, vielleicht heute noch gibt. Auch in Bangkok.

Wenn man beruflich im Tourismus tätig ist, sieht man das Leben manchmal nur noch von einem bestimmten Blickwinkel aus. Dass der nicht objektiv ist, lernte ich damals – zum Glück. Ich freute mich darüber, denn die Auswüchse des Massentourismus machten mir manchmal zu schaffen: die Respektlosigkeit, die Ignoranz, auch der Egoismus vieler Touristen, die sich keine Gedanken machen über ihr Verhalten und die daraus entstehenden Konsequenzen.

Ich zog also durch riesige einheimische Märkte: prall gefüllt mit Früchten, Jackfrüchten, Mandarinen, Bananen, grünen Mangos, Ananas, mit Gemüse, Gewürzen, Bergen von Pfefferschoten, frisch, getrocknet und gemahlen, Fischen, Fleisch. Zwischendurch, völlig unerwartet, plötzlich ein Schmuckladen: Da ließen sich die Marktfrauen wohl hin und wieder einen guten Tag vergolden. Allzu oft konnte das jedoch kaum sein, denn das Warenangebot war enorm, und für alles musste zuerst ein Käufer gefunden werden. Zwischen dem Warenangebot strichen magere Katzen herum. Warum die mager waren, verstand ich nicht. Zu fressen gab es genug. Die (schmutzigen!) Abwasserrinnen, welche die Märkte durchzogen, versuchte ich zu ignorieren. Es musste wimmeln von Ratten, es ist gar nicht anders möglich: Diese Märkte waren ein Paradies für Ratten. Wie viele Leute auch, ekele ich mich vor Ratten. Auch Hunde schlichen herum. Ungepflegte Biester, die niemandem gehörten, aber die auch niemanden zu stören schienen. Auswirkungen des Buddhismus, der lehrt, dass Lebewesen nicht getötet werden dürfen? Das fragte ich mich.

Plötzlich wurde mir klar, weshalb die Regierung den größten Markt Bangkoks und zweifellos einen der größten der Welt schließen wollte: aus hygienischen Gründen. Bangkok in den Fußstapfen Singapurs? Singapur hat zu Beginn der Achtzigerjahre mit einer Hygienekampagne den Tourismus nahezu stranguliert. Alles, oder doch fast alles, was Singapur für die Touristen so aufregend machte, wurde abgerissen oder verboten: der hinreißende Markt in Chinatown, die Bugis Street mit ihren Transvestiten, Wahrsagern, kleinen Restaurants und diesem Hauch von Verdorbenheit, der einen magisch anzog. Die entzückenden kleinen Häuser, eine Mischung aus traditionell chinesischen und Kolonialstil-Häusern, wurden dem Bulldozer überantwortet. Als die Touristen plötzlich ausblieben, gebot der allmächtige Premierminister Lee Kuan Yew dem Abbruch Einhalt, und so bleiben bis heute ein paar von diesen (kitschig restaurierten) Häusern erhalten. Der Rest ist modern und steril, und wenn es nicht so heiß und feucht wäre Tag und Nacht, könnte man sich irgendwo auf der Welt wähnen. Vielleicht bin ich ein bisschen ungerecht, denn die Stadt ist ja – ich gebe es zu – sauberer als die meisten Städte der Welt. Und wo sonst sieht man so viele Bougainvillea, Orchideen, Palmen, Poincianas, nur gerade zur Erquickung der Einwohner und Touristen? Fehlende Hygiene ist meist nur für den Touristen pittoresk ... und auch das nur, solange es sich um einen Bereich handelt, den er wieder verlassen kann, wo er nicht wohnen, schlafen, sich waschen, essen muss. Ich denke da an meine ersten Reisen in China ... aber lassen Sie mich zuerst von meiner allerersten Begegnung mit diesem Beruf – der in der Schweiz übrigens als Beruf nicht offiziell anerkannt ist – erzählen:

Die Gelegenheit

Im Grunde bin ich durch Zufall zum Beruf der Reiseleiterin gekommen. Ich war als Gast auf einer Reise in Malaysien, und unser Reiseleiter hörte, dass ich mich mit Gästen und Einheimischen abwechselnd in mehreren Sprachen und trotzdem fließend unterhielt. Eines Nachmittags bat er mich, ihn als Übersetzerin zu vertreten. Er wollte administrative Arbeiten erledigen. Nun waren wir da mehr oder weniger im Dschungel, und erst viele Jahre später, als ich die gleiche Reise begleitete, wurde mir klar, dass es sich bei den administrativen Arbeiten um eine Ausrede gehandelt haben musste. Ich unterstellte ihm im Nachhinein ein Nickerchen, vielleicht sogar ein Schäferstündchen gehalten zu haben! Wie dem auch sei, ich freute mich über den Vertrauensbeweis, und als er mir zum Schluss der Reise vorschlug, mich seiner Reiseagentur zu empfehlen, da sie dringend Leute wie mich bräuchten, war das für mich eine glückliche Fügung. Reisen war immer meine Leidenschaft, und ich war gerade an einem Wendepunkt in meinem Leben angelangt. Das war 1977.
Ich bewarb mich in der Folge und wurde sofort zu einem Gespräch eingeladen, das gut verlief. Gegen Ende unserer Unterhaltung seufzte der Personalchef: »Eigentlich wollen wir ja keine Frauen in diesem Beruf, aber wir brauchen dringend Leute mit guten Spanischkenntnissen, und wir können nicht genügend Männer finden, darum sind wir bereit, in Bezug auf Ihr Geschlecht ein Auge zuzudrücken.« – Ich erinnere die geneigten Leser, dass wir Frauen in der Schweiz

das Stimmrecht erst seit 1970 haben. »Kommen Sie im Frühjahr wieder, dann laden wir Sie zu einem Ausbildungskurs ein.« Ich stand schon unter der Tür, als er mich zurückrief. »Wenn ich es mir so überlege, glaube ich, dass Sie sowas auch ohne Kurs machen könnten. Haben Sie Lust, eine Schweizer Alpentour auf Englisch und Spanisch zu leiten?«

Ich war ziemlich perplex, wusste auch nicht, was es bedeutete, eine Reise zu leiten. Er sah mein Zögern und schlug mir vor, mich zwei Tage später einem erfahrenen Reiseleiter anzuschließen, mir ein bisschen zu notieren, was er erzählte, und zu beobachten, wie er sich um die Gäste kümmerte beziehungsweise sicherstellte, dass der technische Ablauf der Reise nicht aus dem Ruder geriet. Anschließend bräuchte ich ihn dann nur zu kopieren. Ebenso neugierig wie mutig saß ich zwei Tage später in meinem schönsten (und einzigen!) Kostüm – Freizeitkleidung war nicht erwünscht, der Arbeitgeber legte Wert auf gepflegte Erscheinungen – auf der hintersten Bank des Busses, ausgerüstet mit einem dicken Schreibblock. Ich wollte nichts verpassen. Es konnte losgehen. Ich war auf meiner ersten …

Swiss Alpine Tour

Ich staunte über das breite Wissen meines zukünftigen Kollegen, über sein perfektes Englisch, sein noch perfekteres Spanisch, seine Selbstsicherheit. Und die Dinge, die er erzählte! Vieles davon war sogar mir neu, nicht nur den Amerikanern und den Argentiniern. Zum Beispiel das mit den Kühen in den Alpen. Ich schämte mich, es nicht gewusst zu haben, war ich doch auf dem Land, wenn auch nicht gerade auf einem Bauernhof, aufgewachsen. Dass mir das nie jemand erklärt hatte! Richtig wütend war ich auf all die Leute, die mir das hätten erklären können und dies offensichtlich nicht für nötig befunden hatten. Dabei schien es ganz logisch zu sein. Aber selbst wäre ich nicht darauf gekommen. Vielleicht hat es mich auch einfach nicht interessiert. So begann es:

Wir fuhren durch das ländliche Toggenburg, an dessen Hügeln die Kühe weideten. Ihre Glocken bimmelten, und ich hatte Muße hinauszuschauen. Da sah ich es tatsächlich, nämlich dass die Vorderbeine der Kühe kürzer waren als die Hinterbeine. »Die Natur hat es so eingerichtet«, erklärte George, »wegen des hügeligen Geländes. Wenn alle vier Beine gleich lang wären, könnten die Kühe auf diesen steilen Hängen nicht weiden. Die Anatomie der Kühe ist dem Gelände angepasst.« Fehlte gerade noch, dass sie sonst verhungern müssten. Vielleicht hat er das sogar gesagt, ich weiß es nicht mehr. Auf jeden Fall beschloss ich insgeheim, ihm keinesfalls zu verraten, dass ich das nicht gewusst hatte. Immerhin war *ich* Schweizerin, nicht er. Er war Niederländer, also ein Flachlandeuropäer. Möglicherweise hatten dort die Kühe gleich lange Beine, auch das würde ich ihn nicht fragen. Aber bei der nächsten Reise in die Niederlande würde ich bestimmt genau hinschauen.

Die Reise war spannend, und ich lernte manche Ecke meines Heimatlandes kennen, die mir bis dahin unbekannt gewesen war. Nachdem George am Ende der Reise seine Schäflein verabschiedet hatte, lud er mich auf ein Glas Wein ein und schlug mir vor, ihm allfällige Fragen noch jetzt zu stellen, denn anderntags musste ich bereits meine eigene Gruppe übernehmen. Das Gespräch schloss er lachend ab und fragte mich: »Kannst du dich erinnern an die Geschichte, die ich im Toggenburg erzählt habe?« Ich nickte und biss fest auf die Zähne. »Stell dir vor, es gibt so simple Leute, die sowas wirklich glauben.«

Nun verfüge ich über viel Spontaneität, was nicht immer positiv ist. Der Kiefer fiel mir runter, und bevor ich es verhindern konnte, hörte ich mich sagen: »Willst du mir sagen, dass das mit den Kuhbeinen gar nicht wahr ist?« Ich weiß nicht, wem es peinlicher war, ihm oder mir. Das Gespräch war auf jeden Fall schnell beendet. Es gab ganz einfach nichts mehr zu sagen. Jahrelang entfesselte ich Lachstürme in meinem Bus, wann immer wir durch ländliche, hügelige Gegenden fuhren, auf denen Kühe weideten und ich meine Geschichte erzählte. Ich habe den Verdacht, dass mir meine Gäste vor allem dafür dankbar waren, dass ich *mich* für dumm verkaufte und nicht sie.

Die Geschichten und Anekdoten, die ich hier erzählen werde, sind kunterbunt. Aber sie sind alle wahr. Ich muss diese Feststellung anbringen, denn vor ein paar Jahren saß ich mit ein paar altgedienten und ein paar weniger altgedienten Kolleginnen und Kollegen zusammen, und die Jüngste unter ihnen bat uns, ein paar Geschichten aus unserem Beruf zu erzählen. Da ging's los, und ich, nach dazumal 18 Jahren im Beruf, hörte mich immer wieder fragen: »Und das ist wahr, das erfindest du nicht?« Wundert es Sie, dass es drei Uhr früh wurde?

Ein Kollege hat einmal geschrieben, dass es nicht genüge, exzellente berufliche Voraussetzungen mitzubringen, um ein guter Reiseleiter zu sein. Es brauche auch ein bisschen Glück dazu. Ich habe im Laufe der letzten Jahre oft an ihn gedacht. Aber selbst Glück allein reicht nicht aus. Intuition ist ebenso unerlässlich. Die Intuition, die einem kommendes Unheil ankündigt, ein Unheil technischer oder persönlicher Art – wie meine Erlebnisse in Guatemala und Mexiko zeigen.

Das Kreuz mit den Behörden

Wir waren auf einer Reise durch Mexiko und Guatemala, und unter den Teilnehmenden befand sich ein tschechisches Ehepaar, das 1968 in die Schweiz geflüchtet war und nun mit Nansenpässen (also Flüchtlingspässen) reiste. Sie waren bereits auf dem Hinflug nach Mexiko sehr verunsichert und fragten mich, ob wohl alles in Ordnung sei mit ihren Visa. Ich kontrollierte ihre Pässe und sah keinen Grund zur Beunruhigung. Sie hatten ein Visum für Mexiko für den vorgesehenen Zeitraum und eines für Guatemala.

Unsere Reise auf den Spuren der Azteken, Tolteken und Mayas war tief beeindruckend. Von San Cristóbal de las Casas, unserer letzten Station in Mexiko, reisten wir nach Guatemala weiter. Die landschaftliche Vielfalt im Einklang mit den farbigen Kostümen der Indios in diesem Land ist von unbeschreiblicher Schönheit.

Es war zu Beginn der Achtzigerjahre. Die politische und soziale Situation in Guatemala war zu diesem Zeitpunkt ausgesprochen problematisch. Es gab Terroranschläge nicht nur auf Hotels, sondern auch auf wichtige archäologische Institutionen – nicht zuletzt hatten die Terroristen auch einen Anschlag auf das Museum der berühmten Tikalruinen verübt. Das Hotel, in dem wir in Atitlán übernachten sollten, war wenige Tage vor unserer Durchreise durch eine Bombe zerstört worden: Fassungslos standen wir vor den Ruinen. Nur die Mauern waren übriggeblieben. Und 24 Stunden vor unserer Ankunft in Guatemala-Stadt ging eine Bombe in der Garage unseres Hotels hoch. Die Lage war äußerst angespannt.

Am Abend vor unserem Rückflug nach Mexiko befiel mich eine dieser Ahnungen, dass anderntags etwas schiefgehen würde. Als mich unser lokale Führer Ruben noch einmal anrief, um zu bestätigen, dass unser Flug wie vorgesehen früh am Morgen starten würde, bat ich ihn um seine Telefonnummer, die er aus irgendwelchen Gründen nicht herausrücken wollte. War es vielleicht deswegen, weil er – wie er sich ausdrückte – nicht bei seiner Kathedrale, sondern bei einer seiner Kapellen übernachtete? Dieser Gedanke kommt mir erst jetzt, aber wahrscheinlich ist er gar nicht so falsch, denn ... aber lesen Sie weiter! Ich erzählte ihm von meiner inneren Unruhe, und dass ich besser würde schlafen können, wenn ich – sozusagen als innere Stütze – seine Telefonnummer kennen würde. Schließlich gab er sie mir, wenn auch widerwillig. Ich schlief beruhigt ein.

Anderntags fuhren wir sehr früh zum Flughafen und flogen nach Mérida, der berühmten Hauptstadt auf der mexikanischen Halbinsel Yucatán. Ich freute mich darüber, dass ich Rubens Telefonnummer nicht gebraucht hatte. Aber ich freute mich zu früh. Denn schon holten mich die Einwanderungsbehörden heran, und es entspann sich ein stundenlanges Ringen: Mein tschechisches Ehepaar hätte zwei Einreisevisa gebraucht für Mexiko. Im guatemaltekischen Visum stand deutlich, dass die Gäste aufgrund des vorliegenden Visums nur einmal einreisen konnten, im mexikanischen dagegen schien man dieses Wissen einfach vorauszusetzen. Es gab zwar keine offizielle Beschränkung, doch die Einwanderungsbehörden wollten die Gäste trotzdem nicht einreisen lassen, sondern sie

mit demselben Flugzeug nach Guatemala zurückver-
frachten. Die Ehefrau weinte. Sie weigerte sich, Mexiko mit ihrem leicht behinderten Mann zu verlassen
(er hinkte aufgrund eines Unfalls). Ich wusste, dass
die beiden nur Tschechisch und Französisch sprachen. Kein Englisch, kein Spanisch. Sie waren wirklich verzweifelt, wollten auf keinen Fall allein nach
Guatemala zurückreisen, was ich durchaus verstand.
Für Guatemala hatten sie ja auch nur eine einmalige
Einreisebewilligung. Man würde sie auch dort nicht
mehr ins Land lassen. Es war Samstagnachmittag.
Unsere Agentur in Guatemala war geschlossen. Damals gab es noch keine Mobiltelefone. Die Schweizer
Botschaft war wohl auch geschlossen, so wenigstens
glaubte ich. Heute weiß ich, als Summe der Erfahrungen, dass Botschaften rund um die Uhr erreichbar
sind. Warum ich das weiß, erzähle ich später.
Mein Bitten und Flehen, meine Überredungskünste,
nichts half. Ich spielte lässig mit Hundertdollarschei-
nen. Mexikanische Beamte hielt ich ja nun nicht gerade für unbestechlich. Daher war ich ziemlich perplex,
als der Chef der Zollbeamten die Dollarnoten sehnsüchtig ansah, sie jedoch zurückwies und bedauernd
sagte: »Wenn Ihr das Land über Mérida verlassen wür-
det, dann könnte ich ja ein kleineres Geschenk annehmen, aber Ihr fliegt aus Mexiko-Stadt, und wenn
die das dort merken, dann kriege ich Probleme.«
Ich gab auf und überlegte, wie das Problem zu lösen
wäre. Wir hatten keine Wahl: Entweder zurück oder
ins Gefängnis, lautete der unwirsche Bescheid der
Behörden. Gut. Alles klar. Das Ehepaar müsste am
Flughafen in Guatemala-Stadt abgeholt werden. Es

bräuchte zuallererst Hilfe bei der Wiedereinreise, dann musste es untergebracht werden, und jemand musste sich um die Weiterreise des Paars kümmern. Wer konnte helfen? Da fiel mir die Telefonnummer des guatemaltekischen Lokalführers Ruben ein. Damals war es in vielen Schwellenländern äußerst schwierig, Telefonverbindungen herzustellen. Manchmal dauerte das Stunden, manchmal war es ganz unmöglich. Aus diesem Grund arbeitete man vorwiegend mit Telex (Fax kam erst später auf). Nicht nur gab es jedoch kein Telexgerät am Flughafen in Mérida, nein, ich hatte ja auch keine Kontaktperson, die ich hätte antelexen können. Schließlich klappte es doch noch mit dem Telefon, und eine Männerstimme meldete sich. Nein, er sei der Bruder Rubens, ob er mir helfen könne, Ruben sei nicht da. Ich erklärte ihm unsere verzweifelte Lage und bat ihn, mir zu helfen.

Juan konnte zwar kein Französisch, aber er hatte einen gesunden Menschenverstand und wusste ihn zu gebrauchen. Er beruhigte mich, bat mich, die Gäste wieder ins Flugzeug zu setzen, den Rest würde er erledigen. Das tat er denn auch brillant, lotste die Leute wieder aus dem Flughafen von Guatemala-Stadt heraus, organisierte ein Hotel für sie, die mexikanische Botschaft aber verweigerte ihnen ein zweites Visum, und so half er ihnen bei der Organisation ihrer Rückreise in die Schweiz.

Wahrscheinlich wundern Sie sich, dass ich als Reiseleiterin nicht sämtliche Konsulats- und Botschaftstelefonnummern bei mir hatte. Ich konnte mir nicht vorstellen, dass ich sie je brauchen würde. Aber man lernt. Tatsache ist, dass ich in all den Jahren die

Dienste einer Botschaft nur ein einziges Mal in Anspruch nehmen musste. Die meisten Probleme lösten wir selbst, mit Hilfe unserer lokalen Agenturen beziehungsweise unserer lokalen Führer. Eine Lösung gibt es immer. Man muss sie nur finden. Und sie kann mehr oder weniger gut sein. Wie auf meiner allerersten Reise nach …

Südamerika!

Ich schlafe immer unruhig, wenn ich ein Land zum ersten Mal bereise, noch dazu ein Land, nein, einen Kontinent, der durch soziale und politische Probleme immer wieder in die Schlagzeilen gerät. Ich freute mich aber trotzdem ungemein, als ich zum ersten Mal nach Südamerika fahren durfte. Es war eine Art Auszeichnung, und ich wusste, dass ich mich zu bewähren hatte. Aber als ich am Sonntagmorgen früh um acht Uhr mit dreißig Leuten, ebenso vielen Koffern und ohne Bus am Flughafen von Iguazú stand, und zwar auf der argentinischen Seite, im Urwald, ahnte ich das drohende Unheil.

Draußen erblickte ich einen Linienbus. Ich hetzte zum Fahrer, um ihn zu fragen, ob er Platz für dreißig Koffer habe. Er war ein bisschen erstaunt: »Aber ja doch«, nickte er, »dreißig Koffer kann ich unterbringen.« Ohne ein Wort über unseren abwesenden Bus zu verlieren, verfrachtete ich die Leute in den öffentlichen Bus, und ein paar Männer halfen mir, das Gepäck zu verstauen. Es gab noch keine Brücke über die Grenze nach Brasilien, und ich wusste, dass uns der Bus nur bis zum Fluss bringen konnte, wo wir im Boot übersetzen mussten. Ich hatte meine Gruppe bereits in Buenos Aires auf die komplizierte Reiseprozedur vorbereitet, und meine Improvisation schien niemanden zu erstaunen. Einige mögen sich darüber gewundert haben, dass ich den Bus direkt bezahlen musste, das hatte ich noch nie getan – die Gruppe half mir auf jeden Fall, das Gepäck vom Bus auf das Boot zu verladen, und wir überquerten den Fluss.

Auf der brasilianischen Seite erwartete uns – wie ich schon ein bisschen befürchtet hatte – auch kein Bus. Was nun? Es war immer noch Sonntag früh, alle Büros waren geschlossen, ich hatte keine Ahnung, wer mein Lokalführer sein würde, und Busfirmen kannte ich auch nicht.

Iguazú war damals ein recht verschlafenes Nest. Erst in den letzten Jahren ist daraus eine Stadt geworden, durch die massive Zunahme des einheimischen und ausländischen Tourismus über die inzwischen errichtete Brücke und wegen dem in den Achtzigerjahren fertiggestellten riesigen Staudamm an der Grenze zu Paraguay. Ich schlug meinen Gästen eine Kaffeepause vor und klapperte die paar Buden ab, die den Iguazú-fluss säumten. Die Budenfrauen kannten sich natürlich alle, und ich klagte ihnen mein Leid. Zum Glück verstanden sie Spanisch, denn Brasilianisch spreche ich nicht. Da rief eine der Frauen: »Ich kenne Jorge, der spricht Deutsch, vielleicht ist das *dein* Mann, lass uns anrufen.« Die Budenfrau rief Jorge zu Hause an (sie riss ihn aus dem Schlaf), und ich konnte mein Glück nicht fassen: Jorge war tatsächlich *mein* Mann, und in zwanzig Minuten stand er mit einem Bus da. Er hatte die Gruppe schlicht und einfach vergessen. Ich glaube heute noch, dass meine Gäste nicht gemerkt haben, dass an diesem Sonntagmorgen nicht alles nach Plan lief!

Immer wieder stelle ich fest, dass Leute, die Reiseleiter-Geschichten hören möchten, von der Annahme ausgehen, dass wir es oft mit Verrückten (in den Gruppen) zu tun hätten. Das ist nur in seltenen Fällen so, viel öfter sind es äußere Umstände, die zu

»wilden« Geschichten führen, und so habe ich später, 1996, natürlich auch die Entführung meiner Schweizer Kollegin und ihres deutschen Gastes in Costa Rica mit besonderem Interesse und auch etwas Unbehagen verfolgt. Vor ein paar Jahren widerfuhr aber auch mir eine Geschichte, die mich jahrelang traumatisiert hat und die ich heute noch nicht erzählen kann, ohne in Tränen auszubrechen.

Bewährung auf dem Hochplateau

Mit einer bunt zusammengewürfelten Schar von deutsch- und französischsprachigen Schweizern, Deutschen, Österreichern und Belgiern flog ich nach Ecuador, dieses schöne Land, in dem unsere aufregende Reise quer durch Südamerika beginnen sollte. Bei manchen Reisen ist von Anfang an der Wurm drin, und das war eine davon. Es begann bereits bei der Landung. Der Flughafen von Quito liegt mitten in der Stadt, umgeben von Bergen, und ist gleichermaßen gefürchtet von Piloten wie von den Passagieren. Wir befanden uns im Anflug, in meiner Erinnerung bereits über der Landepiste, als die Maschine plötzlich wieder an Höhe gewann und über der Stadt zu kreisen begann. Die Flugbegleiterinnen waren blass geworden und auf ihre Landesitze geeilt, saßen nun starr da. Ich war zu müde, um Angst zu empfinden, aber später erfuhr ich, dass sich einer meiner weiblichen Gäste vor Angst hatte übergeben müssen. Es gab keine Erklärung aus dem Cockpit, und es knisterte vor Spannung im Flugzeug, das spürte ich sogar in meinem erschöpften Zustand. Ich dachte bloß, wenn wir abstürzen, dann kann ich es auch nicht ändern.

Als wir etwa dreißig Minuten später dann doch noch landen durften, stand ringsum die inzwischen alarmierte Feuerwehr, die einen Schaumteppich hätte ausbreiten müssen, falls unser Flugzeug sein Fahrgestell – wie befürchtet worden war – nicht hätte ausfahren können.

Wir schliefen erst mal aus, dann aber war die Gruppe bereit, Bäume auszureißen. Wir beschlossen, ty-

pisch ecuadorianisch essen zu gehen. Ich reservierte
in einem zwar berühmten, mir jedoch nicht bekannten Restaurant, und ich bestellte uns Taxis. Ich setzte
mich ins letzte Taxi und war ein bisschen erstaunt,
dass die Fahrt länger dauerte als die mir vom Hotel-
concierge angegebenen fünf Minuten. Es sollte sich
bald herausstellen, dass der Taxifahrer das Restaurant
nicht kannte, wohl aber ein Viertel, das denselben
Namen trug. Wie in solchen Fällen bei Taxifahrern
üblich, ließ er uns aussteigen, bezahlen und behauptete, das Restaurant liege um die Ecke, er dürfe nicht
vorfahren … Obgleich es nicht lange dauerte, bis wir
den Irrtum bemerkt hatten, war das Taxi inzwischen
weg, und so blieb uns nichts anderes übrig, als zu Fuß
ein anderes Taxi aufzutreiben. Der neue Fahrer kannte
unser Restaurant und war auch bereit, uns hinzufah-
ren, allerdings mussten wir die Altstadt durchqueren,
in der gerade eine politische Manifestation stattfand.
Ecuador war lange ein von politischen Unruhen ver-
schontes Land geblieben, aber die südamerikanische
Wirklichkeit hat die Einwohner auch hier eingeholt.
Als eine Horde von Studenten auf unser Taxi zuge-
stürmt kam und daran herumrüttelte, wurde uns bewusst, wie ernst die Lage war. Einer der Studenten näherte sich mit einem Benzinkanister, goss den Inhalt
über unsere Karosserie und entfachte ein Streichholz
– nicht nur der Taxifahrer wurde schneeweiß. Eine
junge Frau in der Gruppe erlitt einen hysterischen
Anfall, schrie und weinte, und der Taxifahrer sagte:
»Verschwindet! Rettet Euch!« Fluchtartig verließen
wir das Taxi und stürmten davon, fanden schließlich
ein drittes, das uns endlich an die richtige Adresse

brachte. Was für eine Erleichterung! Meine Güte, konnten wir jetzt lachen! Denn wir hatten ja keine Ahnung, was uns auf dieser Reise noch bevorstand.

Natürlich waren wir enttäuscht, als wir erfuhren, dass die peruanischen Eisenbahnangestellten streikten und wir die berühmten Ruinen von Machu Picchu nicht würden besuchen können, auch die besonders eindrückliche Fahrt im Zug von Cusco nach Puno war gefährdet. Was nützt es, wenn man den Gästen, die ein Leben lang von Machu Picchu geträumt haben, zu erklären versucht, dass Ollantaytambo vom archäologischen Standpunkt her interessanter oder doch mindestens ebenso interessant ist?

Machu Picchu ist die sagenumwobene, rätselhafte archäologische Stätte, die jeder sehen möchte. Aber da war nichts zu machen, der Ort ist nur mit einem mehrtägigen Fußmarsch oder im Zug zu erreichen. So besuchten wir die ebenfalls bedeutenden Ruinen von Písac und Ollantaytambo. Písac ist eine kleine Stadt und frühere Bergfestung der Inka in Südzentral-Peru, unweit von Cusco. Ollantaytambo hingegen ist das einzige verbliebene Beispiel für Stadtplanung aus der Zeit der Inka. Die Gebäude und Inkaterrassen sowie die engen Gassen der Stadt befinden sich noch in ihrem ursprünglichen Zustand. Das macht den Ort speziell für Archäologen natürlich zu einem aufregenden Studienobjekt. Aber Machu Picchu ist berühmter, klar. Groß war also die Enttäuschung, aber wir hatten keine Wahl, mussten uns damit abfinden. Die Strecke Cusco-Puno mussten wir im Bus fahren, denn nicht nur waren in der Zwischenzeit die alternativen Flüge zwischen Lima und La Paz ausgebucht, nein, auch der Höhepunkt der Reise wäre buchstäblich ins Wasser gefallen, wenn wir geflogen wären. Diese Strecke, die normalerweise mit dem Zug zurückgelegt wird – allein schon deshalb, weil die Straßen in katastrophalem Zustand sind –, ist von einer unvergesslichen Schönheit, und so besorgte uns unsere peruanische Agentur einen Bus. Normale Busse konnten die Strecke nicht fahren, zu schlecht war, einerseits, der Zustand der Straßen. Andererseits stand nur eine beschränkte Anzahl von Bussen zur Verfügung, da sie ja normalerweise auch nicht gefragt sind. Der für uns bestellte Bus holte uns jedenfalls nie ab im Hotel, und meine Agentur trieb uns den bestimmt einzigen noch zur Verfügung stehenden Bus auf. Statt um sechs Uhr früh fuhren wir um halb acht los. Immerhin war der Fahrer, ein Mestize, intelligent genug, den Zustand des Reserverades zu kontrollieren. Es fehlte. Ich war geradezu glücklich, mit zwar eineinhalbstündiger Verspätung, dafür aber mit Reserverad wegzufahren. Ich konnte ja nicht wissen, dass wir diverse andere Dinge dringender gebraucht hätten. Nach drei Stunden riss nämlich der Keilriemen. Gut, wir hatten unsere erste Panne. Es hätte schlimmer kommen können, aber der Schaden ereignete sich in der Nähe der einzigen größeren Ortschaft, die wir durchfuhren. Dort, in Sicuani, gab es auch eine Reparaturwerkstätte. Es dauerte zwar lange drei Stunden, und ich wurde immer unruhiger, ungeduldiger, und durfte es nicht zeigen. Immerhin reparierten sie den verdammten Bus. Es war Regenzeit und kalt. Das Hotel in Cusco hatte uns Lunchpakete mitgegeben, aber die reichten nur für das Mittagessen und für ein bisschen was zwischendurch. Das Abendessen war im Hotel in Puno vorgesehen, und man hatte mir dort in Anbetracht unserer voraussehbar schwierigen Reise die berühmten Lachsforellen aus dem Titicacasee versprochen, um die ich immer kämpfen musste. Der Chef de Service war stolz darauf, mir diesen Wunsch zu erfüllen. Ich hatte ihm telefonisch die Ohren von unserer Mühsal vollgejammert, und er war bereit, uns ein Zückerchen zu geben.

Um zwei Uhr früh soll die ganze Küchenmannschaft und das Bedienpersonal traurig von dannen gezogen sein. Nicht nur gingen sie unserer Begeisterung verlustig, nein, sie hatten bestimmt auch mit einem schönen Trinkgeld gerechnet. Dass ich es ihnen anderntags trotzdem geben würde, damit hatten sie wohl nicht gerechnet.

Wir warteten also stundenlang auf den Bus, aßen lustlos unsere Sandwiches und froren. Keiner von uns trug warme Kleider. Die dreißig Koffer mit den Pullovern und Jacken befanden sich auf dem Dach des Busses in der Reparaturwerkstätte. Ich konnte wenigstens den Verantwortlichen des Gästehauses, in dem wir buchstäblich abgestellt worden waren, davon überzeugen, dass ein Kaminfeuer kein Luxus wäre. Heute würde ich meinen Geldbeutel viel schneller zücken, um die Leute ein bisschen zu motivieren. Aber auch diese Dinge muss man lernen. Wir haben unser Kaminfeuer gekriegt, alle haben ein bisschen Hand angelegt, und als der Bus endlich angefahren kam, waren wir einigermaßen aufgewärmt. In der Zwischenzeit hatten wir uns viereinhalb Stunden

Verspätung eingehandelt, und wir waren ziemlich mutlos, denn von den rund 380 Kilometern hatten wir erst 130 hinter uns – und das war noch dazu der bestausgebaute Teil Strecke gewesen. Ich ahnte, dass es noch eine lange, schwierige Reise werden würde, gab mich aber fröhlich.

Der Bus war in einem katastrophalen Zustand: Innen und außen schmutzig (daran waren unsere Gäste nicht gewöhnt), die Federung war kaputt, die Heizung funktionierte nicht, mehrere Fensterscheiben waren zerbrochen, es regnete herein. Mich befiel jene Ahnung, die mich zuweilen vor noch größerem Unheil bewahrt hatte … Ich kann mich erinnern, dass ich immerzu lächelte, als ob mir danach zu Mute gewesen wäre. Noch heute sehe ich vor meinem inneren Auge die zahlreichen Flüsse und Teiche, die wir durchfahren mussten, jedes Mal stockte mir der Atem, und ich erinnerte mich angstvoll an die Geschichte meines Kollegen in Afrika, der in einer ähnlichen Situation einen Kleinbus mitsamt Insassen verloren hatte – und prompt der fahrlässigen Tötung angeklagt wurde.

Ich zitiere aus meinem Rapport: »In Ihrer wildesten Fantasie können Sie sich den Zustand der Straße nicht vorstellen. Von Straße kann eigentlich keine Rede sein. Sie breitet sich auf rund 250 Kilometern wie ein ausgetrocknetes Bachbett aus, nur war sie eben nicht ausgetrocknet … Sie schien von Millionen von Löchern übersät. Im hinteren Teil des Busses war es noch weniger auszuhalten als im vorderen. Teilweise standen die Gäste im Bus, weil sie die Schläge im Rücken nicht mehr ertragen konnten. Kommentar eines

Gastes: »Wenn wir das zu Hause erzählen, dann glauben alle, dass wir übertreiben, dabei haben wir immer noch untertrieben, weil man das, was uns widerfährt, gar nicht beschreiben kann.«

Ich konnte dem Gast insgeheim nur beipflichten. Dabei hatte unser Abenteuer erst begonnen. Als ich die Leiche eines jungen Mannes – eines Mestizen – in einer Pfütze liegen sah, schluckte ich leer und behielt es für mich. Mit ziemlicher Sicherheit ist er im Suff gestürzt und in der Pfütze liegengeblieben. Ob er was verpasst hat im Leben? Die Lebensbedingungen für die Hochlandbauern sind schwierig.

Es war kalt, im Bus wurden wir durcheinandergeschüttelt, und so meldeten sich regelmässig natürliche Bedürfnisse an, wir mussten einmal in der Stunde. Jorge, unser Fahrer, war fassungslos: »Otra vez?« (Schon wieder?) Natürlich gab es weit und breit keine Toiletten, und zu Beginn des Tages hatten wir uns Bäume und Steine ausgesucht, typische europäische Zimperlichkeit. Die legten wir allerdings ziemlich schnell beiseite. Nicht zuletzt natürlich auch, weil es mit steigender Höhe keine Bäume und Sträucher mehr gab. Auf rund 3800 Höhenmetern war die Vegetation kahl. Ich wette, dass keiner von der Gruppe je wieder Mühe hatte, seine Notdurft im Freien zu verrichten, auch die Frauen nicht. Obwohl die Gruppe alles andere als homogen war, entstand im Laufe unseres Abenteuers ein Solidaritätsgefühl.

Sobald der Bus anhielt, fiel kaum noch ein Wort, nur noch die Anweisung »Frauen rechts, Männer links«, und dankbar rannten alle raus, die Männer stellten sich in Reih und Glied hin, die Frauen kauerten einmütig nebeneinander. Nur die Restgefühle unserer Scham hielten uns davor zurück, diese uns immer wieder belustigende Szene fotografisch festzuhalten.

Um 18 Uhr – zu diesem Zeitpunkt hatte man uns im Hotel erwartet, dabei hatten wir noch nicht einmal die Hälfte des Weges zurückgelegt – wurden wir Zeugen eines Zusammenstoßes: Ein Lastwagen war mit einem Lokalbus kollidiert, und die beiden Fahrzeuge blockierten nun die Straße. Hilfe war nicht in Sicht. Wir befanden uns auf dem peruanischen Hochplateau, auf viertausend Metern Höhe, in der ganzen Umgebung nur Adobedörfer (Adobe bedeutet Lehmziegel), weit und breit kein Telefon, kein Abschleppdienst. Untätig, ratlos standen Indios und Mestizen herum.

Jorge hieß uns alle aussteigen. Er war nicht gewillt, noch mehr Zeit zu vergeuden und hatte beschlossen, den Bus über die Wiese um die Unfallstelle zu lenken. Das war mutig und falsch. Der endlose Regen hatte die Erde aufgeweicht, und der schwere Bus mit über dreißig Koffern auf dem Dach sank im Morast ein. Wir standen fröstelnd im Regen und schauten fassungslos zu. Der Bus neigte sich nach links und … Wir konnten uns unter den gegebenen Bedingungen nicht vorstellen, wie wir uns nun aus *dieser* Situation würden retten können. Ich wünschte mir, aus diesem Albtraum zu erwachen, aber es war kein Albtraum, sondern bittere Realität.

Die einzigen Weißen, denen wir begegneten, waren Mitglieder der Forschungsstation der Universität von Lima, die auf dem Hochplateau für ein Projekt zuständig waren. Sie besaßen ein Auto mit Vierradan-

trieb und versprachen uns, Hilfe zu holen. Wir hörten nie wieder von ihnen.

Die Lage war ernst: Nicht nur war der Bus im Morast
eingesunken, sondern es zeigte sich auch, dass uns
von der Straße ein ungefähr ein Meter tiefer und eineinhalb Meter breiter Graben trennte. Das bedeutete, dass wir den Graben zuerst auffüllen mussten. An
Werkzeugen hatten wir eine Schaufel, ein Stahlseil
und unsere Hände. Die Gruppe bestand neben 14
Frauen aus einer Reihe von jungen und dynamischen
Männern, die noch dazu Militärdienst geleistet hatten
und die Sache an die Hand nahmen. Vom Bahntrassee der Andenbahn holten wir Steine und unterleg-
ten zuerst die Räder des Buses. Mit bloßen Händen
schmissen wir anschließend die Steine in den Graben.
Aber das reichte natürlich nicht, und so rissen beziehungsweise schnitten wir mit Hilfe einiger vorhande-
ner Militärmesser Grasbüschel aus, versuchten dicke
Erdklumpen zu bewegen und füllten so den Graben
auf. Dutzende von Indios standen mit offenen Mündern um uns her. Ich bat sie, uns zu helfen, aber keiner bewegte sich. Als der Graben auf einer Länge von
etwa vier Metern aufgefüllt war, konnten wir uns an
die Rettung des Buses machen. Inzwischen hatten
sich viele Lastwagen angesammelt und warteten auf
die Räumung der Unfallstelle. Wir waren überzeugt,
dass es nur noch eine Frage von Minuten war, bis wir
gerettet waren. Wir baten einen Lastwagenfahrer nach
dem andern, uns rauszuziehen, aber keiner wollte uns
helfen, nicht einmal gegen Geld. Wir boten hundert
US-Dollar für die Hilfe, das entsprach einem einheimischen Monatssalär, aber alle schüttelten stumm

den Kopf. Wir verstanden die Welt nicht mehr. Inzwischen war es stockdunkel geworden, Licht gab es
natürlich keines, woher auch. So musste Jorge den
Motor anstellen, damit die Lichtmaschine ansprang.
Im Bus saß eine Dame, die an schwerster Bronchitis
litt. Der Arzt hatte ihr die Reise ursprünglich unter-
sagt … aber sie wollte unbedingt dabei sein und war
überzeugt, dass sie die Fahrt mit drei Injektionen
überstehen würde. Aufgrund der kaputten Scheiben
drangen jetzt die ganzen giftigen Abgase in den Bus,
und sie musste ihn fluchtartig verlassen. Also saß sie
zusammen mit dem herzoperierten siebzigjährigen
Herrn T. auf den Bahngleisen, mit dem Auftrag, den
Bus zu überwachen. Die Hochlandperuaner standen
nicht gerade im Ruf, ehrlich zu sein, und wir bangten
um unser Hab und Gut.
Was nun? Das Stahlseil wurde angebracht, obwohl
uns die Lastwagenfahrer die Hilfe versagten. Wir
mussten weg. Die ehemaligen Schweizer Soldaten befahlen. Sämtliche Männer mussten ziehen, die Frau-
en schieben. Der Bus bewegte sich kein Jota. Da kam
Herbert aus Deutschland zu mir und erklärte, dass er
professioneller Rallyefahrer und überzeugt sei, dass er
den Bus rausbringen könne. Hoffnung keimte in mir
auf, und ich bat ihn, sich sofort ans Steuer zu setzen.
In meiner Verzweiflung hatte ich aber etwas Elemen-
tares vergessen: Ich weihte Jorge nicht ein. Herbert
begab sich ans Steuer und brachte den Bus innerhalb
von zehn Minuten raus. Freudengebrüll der Gruppe.
Wut und verletzter Stolz von Jorge. Statt Erleichterung zu zeigen, machte er mir Vorwürfe, sagte, dass
es *sein* Bus sei, dass niemand ans Steuer dürfe außer

ihm. Er schmiss Herbert raus und glaubte, einfach weiterfahren zu können. Und ritt damit den Bus wieder in den Morast. Hoffnungslosigkeit wollte sich breitmachen. Eine Dame erlitt einen hysterischen Anfall, der durch die raue Behandlung eines der jungen Männer jedoch schnell beendet wurde: Er schrie sie an und sagte, dass wir alle gemeinsam in dieser Situation seien und auch nur gemeinsam wieder rauskämen, dass Hysterie nichts nütze. Hat er sie geohrfeigt? Ich glaube, ja. Und ich war ihm dankbar. Wir begannen wieder, Steine zu transportieren, um die Räder zu unterlegen. Wir arbeiteten nach demselben System, wie im Mittelalter Feuer gelöscht wurden: Wir bildeten eine Reihe zwischen dem Bahntrassee und dem im Morast steckenden Bus, übernahmen die Steine und gaben sie an den Nächsten weiter. Dann bearbeitete ich Jorge, erklärte ihm, dass wir in Europa im Schneegestöber öfters mal mit solchen Bedingungen konfrontiert seien und dass Herbert spezialisiert sei auf die Rettung von Fahrzeugen, dass es sein Beruf sei und er, Jorge, das ja gar nie habe lernen müssen, weil es keinen Schnee gebe in dieser Gegend Perus. Ich übertrieb ein bisschen, aber ich hatte keine Wahl. Zögernd gab er nach, und Herbert setzte sich wieder ans Steuer. Die Männer zogen das Stahlseil, die Frauen schoben hinten. Herbert schaffte es. Wir wagten jedoch noch nicht zu jubeln. Zu Recht. Denn als einer der Lastwagenfahrer sah, dass wir es geschafft hatten, kurbelte er seinen Motor an und fuhr direkt vor unseren Bus, und zwar absichtlich so, dass wir nicht in die Straße einbiegen konnten. Wir Frauen waren den Tränen nahe, die

Männer außer sich vor Wut. Sie stürmten die Führerkabine, einer unserer jungen Männer bedrohte den Lastwagenfahrer. Ich kenne die Mentalität der peruanischen Indios. Sie sind nicht zimperlich, und ich wollte vermeiden, dass es zu Gewalttätigkeiten kam, wir waren ja in Unterzahl. Ich bot dem Fahrer hundert US-Dollar, damit er wegfahre. Aber er blieb stoisch vor dem Lenkrad sitzen.

Resigniert zogen wir uns zurück. Wir waren bis zum Knie mit Schlamm bedeckt. Inzwischen war es 21 Uhr geworden, und wir hatten Hunger und Durst. Jorge hatte seit dem frühen Morgen nichts mehr gegessen, nichts mehr getrunken. Nur geraucht.

Endlich war die Unfallstelle geräumt, und der feindselige Lastwagenfahrer fuhr weg, es konnte also auch für uns weitergehen. Die Straße war weiter in einem katastrophalen Zustand, aber wir waren so erschöpft, dass wir uns einfach durchrütteln ließen. Um 23 Uhr hielt Jorge in einem Adobedorf an und verschwand wortlos mit seinem Begleiter, den man ihm mitgegeben hatte. Als die beiden nicht wieder auftauchten, wurde ich unruhig und begab mich auf die Suche nach ihnen. Ich fand sie in einer einfachen Hütte beim Essen. Das wäre nichts gewesen für uns, die hygienischen Bedingungen hätten uns den Hunger vergessen lassen. In einer Vorahnung kaufte ich zwei Liter Schnaps. Dann ging es weiter. Jorge hatte keine Zigaretten mehr, und natürlich war er todmüde. Ich gab ein Rauchverbot für die Gruppe aus, sammelte im Bus alle Zigaretten ein und beschäftigte mich in der Folge damit, Zigaretten für Jorge anzuzünden, damit er nicht einschlafe. Hoffnungsvoll fragten mich meine Gäste immer wieder, wie weit es noch sei. Ich getraute mich kaum noch zu antworten, weil wir mit einer Durchschnittsgeschwindigkeit von nur dreißig Stundenkilometer fahren konnten. Es war noch weit. Um ein Uhr früh wurden wir durch eine Straßenbarrikade aufgehalten. Dahinter kamen mit Stöcken bewaffnete Indios hervor und umringten unseren Bus. Der Fahrer unterhielt sich mit den Männern in ihrer indianischen Muttersprache, dem Quetschua. Ich verstehe die Sprache nicht, und so weiß ich bis heute nicht, worüber gesprochen wurde, denn Jorge war wortkarg. Die Männer räumten die Barrikade, und wir durften weiterfahren. Auf meine Frage, was da war, antwortete Jorge kurz: »Asalto« (Überfall). Später erfuhren wir, dass an diesem Tag dort zwei Fahrzeuge ausgeräumt worden waren. Warum sind wir dem Los entkommen? Wohl nur, weil wir stark in der Überzahl waren, ich hatte 18 Männer in der Gruppe, die meisten von ihnen zwischen dreißig und 45. Die Gruppe der Indios bestand aus etwa sechs, vielleicht acht Leuten. Zweifellos hatte Jorge auch gesehen, dass wir Militärmesser dabei hatten, und ich könnte mir vorstellen, dass er behauptete, wir seien »bewaffnet.« Aber das bilde ich mir vielleicht bloß ein.

Die meisten Leute im Bus hatten während dieser Episode geschlafen. Nicht jedoch W. Er drohte mir, mich vor Gericht zu bringen, falls uns etwas zustoßen würde. Ich antwortete nicht. Es war eine ungeschickte Drohung, zu einem Zeitpunkt und in einer Situation, in der ich mich ja auch nicht freiwillig befand. Später, ausgeruht und wieder entspannt, erzählte er mir, dass der Sohn seines besten Freundes und dessen

Freund auf dieser Strecke spurlos verschwunden waren und er deshalb mit einer Gruppe habe reisen wollen, um solchen Gefahren nicht ausgesetzt zu sein.

Am Morgen um drei Uhr war die Straße erneut blockiert. Diesmal hatte ein Lastwagenfahrer sein Fahrzeug mitten auf die Straße gestellt, um eventuell Vorbeifahrende zur Hilfe zu zwingen. Es war unmöglich, an ihm vorbeizukommen, die Straße war schmal und der Lastwagen breit. Er stand mitten auf der Straße, weil er kein Benzin mehr hatte. Jorge hatte einen Schlauch dabei und genügend Benzin, Gott sei Dank! Um vier Uhr früh, also mit zehnstündiger Verspätung, kamen wir beim Hotel an.

Anderntags ging es früh wieder los, und Egon, der seinen Humor nie verloren hatte, witzelte schon wieder und rief: »Jetzt fehlt uns nur noch eine Revolution in Bolivien.« Er konnte nicht ahnen, dass sie uns noch am selben Tag bevorstand.

In Juli, einem entzückenden Hochplateaustädtchen direkt am Ufer des Titicacasees, wurden wir von einem Tragflügelboot und zwei lokalen Führern abgeholt. Beide etwas angespannt: »Es stehen Unruhen bevor«, flüsterten sie mir zu. »Nach dem, was wir gestern erlebt haben, kann mich nichts mehr erschüttern«, raunte ich zurück. »Lasst uns mit dem Programm beginnen.« Wir tuckerten über den See und besuchten die Kathedrale von Copacabana, hinterher ging's zum Mittagessen. Wir standen in Funkkontakt mit La Paz, und als wir uns anschickten, einen leckeren Fisch zu essen, kam ein Matrose atemlos den Hügel heraufgerannt und bedeutete uns aufgeregt, unverzüglich zum Schiff zurückzukehren:

Die unzufriedenen Campesinos (Bauern) wollten die Straße zwischen Huatajata und La Paz sperren. Das war die Straße, die wir nehmen mussten. Wir rannten zum Boot zurück und tuckerten los, wir mussten vor 15 Uhr in Huatajata sein. Aber da veränderte sich plötzlich das Geräusch des Schiffsmotors, und wir fuhren nur noch im Schneckentempo: Der Motor war überfordert, und so schafften wir die Ankunft in Huatajata nicht vor 15 Uhr. Die Dame übrigens, die tags zuvor hysterisch geworden war, beklagte sich nach der Reise schriftlich darüber, dass wir an diesem Nachmittag die Sonneninsel nicht hatten besuchen können!

Es gab keine Alternativroute nach La Paz, und die einzig zumutbare Unterkunft in der Region war wegen eines Ärztekongresses ausgebucht. Bevor wir mangels Optionen trotzdem mit dem Bus aufbrachen, stärkten wir uns in einem Rasthaus noch einmal mit gutem Brot und Maté-Tee – dem Tee aus Cocablättern, gut für den Kreislauf in dieser Höhenlage. Unsere bolivianische Agentur hatte vorsorglich jedem eine Wolldecke geschickt. Die Gruppe – erschöpft vom Vortag – hatte die Grenze der Belastbarkeit erreicht. Die Gäste waren einer Panik nahe, als sie sahen, dass der Bus vergittert war und wir eskortiert wurden. Der blonde Lokalführer deutscher Nationalität musste sich in die hinterste Ecke des Busses setzen, weil seine bolivianische Kollegin Angst hatte, dass seine eindeutige Fremdheit die Indios reizen könnte. Für die Indios sind wir Europäer die Quelle ihres Elends, das dürfte auch der Grund gewesen sein, weshalb uns am Vortag niemand helfen wollte.

Wir beschlossen, wenigstens zu versuchen, durch die aus gefällten Baumstämmen und großen Steinen errichteten Straßenbarrikaden nach La Paz zu kommen, aber es war ein schwieriges Unterfangen. Alle Barrikaden waren streng bewacht, wir konnten sie daher nicht selbst aus dem Weg räumen. Da kam unsere indianische Eskorte auf eine Idee: »Ob wir Indiomützen gekauft hätten?« Hatten wir natürlich. Sie liehen sich unsere Mützen aus und stellten sich bei jeder Wache in ihrer Aymarasprache (die Sprache der bolivianischen Indios) nicht nur als Stammesbrüder vor (die sie waren), sondern auch als im Geiste Verbündete, erklärten, dass wir Touristen den Streik ebenfalls unterstützten, dass wir aber in Peru große Probleme gehabt hätten und nun dringend ein Nachtlager bräuchten. Jede Wache wurde auf diese Weise überredet und mit Schmiergeldern, die uns unsere Agentur geschickt hatte, bestochen. Der Bus wurde regelmäßig nach Lebensmitteln untersucht (die Indios wollten La Paz aushungern). Da sie jedoch nie fündig wurden, ließen sie uns passieren. Fünfzehn Mal mussten wir bitten und flehen und erklären. Wie eine Krankenschwester flößte ich den am Rande ihrer Kräfte angekommenen Leuten Schnaps ein.

Fünf Stunden brauchten wir für eine Strecke, die normalerweise eineinhalb Stunden in Anspruch nimmt. »Was ist passiert?« Meine Reiseagentin aus Lima, Blanca, weinte am Telefon, einerseits erleichtert, andererseits wohl, weil auch sie nervlich am Ende war: »Seit gestern Abend 21 Uhr habe ich euch zu erreichen versucht und niemand wusste, was euch widerfahren ist.« Eine abenteuerliche Reise ist natürlich physisch und psychisch eine große Belastung, aber letztlich sind es gerade diese Aufregungen, auf die wir nicht verzichten möchten, und etliche meiner Kollegen und Kolleginnen, die ihren Beruf etwa aus gesundheitlichen oder Altersgründen aufgeben mussten, sahen sich mit richtigen Entzugserscheinungen konfrontiert: Der Adrenalinspiegel wird nicht mehr in die Höhe gejagt, und das fehlt uns.

Wir erleben aber auch lustige und rätselhafte Dinge, wie die folgende Geschichte aus Sumatra zeigt.

Von Mäusen und Ratten

Wie viele weibliche Wesen habe auch ich eine un-
überwindbare Angst vor allen Tieren, die sich grö-
ßenmäßig zwischen einer Spinne und einem Hund
bewegen. Ich fühle mich sofort in meiner Sicherheit
bedroht und reagiere entsprechend. In einer solchen
Situation habe ich einmal fünf Stunden auf einem
Küchentisch zugebracht, bis ich – wütend darüber,
dass sich niemand zu meiner Rettung in dieser höchst
delikaten Situation einfinden wollte und, weil ich in
der Zwischenzeit mein Buch fertiggelesen hatte – mit
wüstem Gepolter, womit ich die Mäuse einschüch-
tern wollte, vom Tisch stieg und den Mäusen zum
Trotz eben doch und allein ins Bett ging.
Auf meiner allerersten Reise nach Sumatra störte
mich mitten in der Nacht ein eifriges Getrippel in
meinem Zimmer in Bukittinggi. Die Identifikation
des Geräusches war nicht schwierig. Ich hatte einen
anstrengenden Tag vor mir, und so suchte ich mich
zu beruhigen, bemühte mich einzuschlafen mittels
autogenem Training, Selbsthypnose, und über die
Vernunft: Ich redete mir ein, dass mich diese Mäuse
wirklich nicht fressen konnten. Wir trieben ein Spiel-
chen zusammen: Ich knipste das Licht an, und das
Getrippel verschwand, dann knipste ich das Licht
aus, und der Tanz begann von vorne. Eine ganze
Stunde lang. Ich wurde immer wacher und dachte
letztlich daran, Schlaftabletten zu nehmen. Zum letzten Mal, so schwor ich mir, würde ich nun das Licht
anknipsen. Aber was ich jetzt erblickte, ließ mich für
den Bruchteil einer Sekunde erstarren, dann stieß ich

einen gellenden Schrei aus und war auch schon aus dem Zimmer raus und auf der Innenhofveranda, wo ich verzweifelt um Hilfe schrie: Eine ausgewachsene, große Ratte war gerade meine Zimmerwand emporgeklettert! Eine Minute später schon rasten zwei junge Burschen im Pyjama um die Ecke. Sich verstört die Augen reibend, fragten sie nach der Ursache meines gellenden Geschreis. Sie waren offensichtlich etwas verwundert über meine Geschichte. Noch wusste ich ja nicht, dass die Indonesier mit Ratten aufwachsen wie wir mit Haustieren – oder jedenfalls fast so. Dennoch packten sie, während ich draußen meine Anweisungen gab, drinnen meine Koffer und wiesen mir ein neues Zimmer zu, in dem keine Ratten zu hausen schienen. Bett, Schrank und Kommode wurden in die Mitte des Zimmers gerückt, und auf den Knien suchte ich das Zimmer nach Löchern ab, durch welche diese Frechdachse hätten eindringen können. In der Tat gab es nur eine einzige Möglichkeit: den offenen Abfluss im Badezimmer. Da die Badezimmertür nicht mehr einklinkte und ich auch keine Schnur hatte, nahm ich die Tischlampe und band die elektrische Schnur um die Badezimmertür am einen Ende, am anderen Ende befestigte ich sie am Bettpfosten. Irgendwie ging das, und ich war mir sicher, dass so kein ungebetener Gast mehr eindringen konnte. Dann endlich schlief ich für den Rest der Nacht den tiefen Schlaf der Gerechten.

Ich brauche wohl nicht zu erwähnen, dass ich mich nie mehr um eine Reise nach Indonesien gerissen habe. Aber eineinhalb Jahre später beschlossen Jean-Michel und Liliane, Überlebende des Südamerikaabenteuers, das uns zu Freunden gemacht hatte, genau diese Reise nach Indonesien zu buchen, und ich sollte die Reise begleiten. Ich verheimlichte ihnen meine Rattengeschichte, überwand meinen Ekel, und wir zogen los. In Sumatra angekommen, war meine Unruhe wohl grösser als mein Mut, auf jeden Fall war ich ausgesprochen besorgt.

Ich suchte mein Hotelzimmer in Berastagi wiederum nach Ratten- und Mäuselöchern ab, schloss die Tür sicherheitshalber doppelt ab, verriegelte wiederum auch die Badezimmertür und legte mich dann einigermaßen beruhigt zum Schlafen hin. Nach ein paar Stunden erwachte ich und schaute geradewegs in die Augen einer ganzen Mäusefamilie: Vater, Mutter und drei Mäusekinder saßen aufgereiht auf meinem Nachttisch und betrachteten mich beim Schlafen. Mein Herz setzte aus. Ich schoss wiederum aus meinem Bett, fiel in der Dunkelheit über das schwere, hölzerne Bettgestell, wobei ich mir das Knie verletzte, und rannte schreiend zur Tür. Ich zitterte am ganzen Körper vor Panik und konnte daher weder den Lichtschalter finden noch den Doppelverschluss an der Tür öffnen. Es war mir, als ginge es um mein Leben, und bis ich endlich im Freien stand, kriegte ich vor lauter Angst und Um-Hilfe-Schreien kaum noch Luft. Ich erstickte fast an einem asthmatischen Anfall. Zur Besinnung kam ich erst, als eine tiefe Männerstimme ruhig fragte: »Was ist denn los?« »Mäuse«, wimmerte ich, und der ehemalige Schweinezüchter (*der* muss gestaunt haben!) knurrte: »Das ist doch kein Grund zum Schreien!« Das ernüchterte mich. Etwas beleidigt, etwas beschämt ließ ich vor meinem geistigen

Auge meine Mäusefamilie noch einmal auferstehen. Eine Mäusefamilie in Reih und Glied wie im Militär? Nachdenklich betrachtete ich mein blutiges Knie und musste jetzt doch ein bisschen lachen: Ich hatte eindeutig geträumt. Ich ging zurück in mein Zimmer, rückte zur Sicherheit das schwere Bett von der Wand weg und legte meinen Kopf ans Fußende. Man konnte ja nie wissen.

Am andern Tag ging ich ausgeruht zum Frühstückstisch. Die Leute unterhielten sich nur leise und ergingen sich in Spekulationen über die schrecklichen Schreie, die sie gehört hatten in der Nacht – ein Liebesdrama? Vielleicht sogar ein Mord? Man hatte sich nicht getraut nachzusehen. Jean-Michel war vor Schreck aus dem Bett gefallen. Ich schämte mich ein bisschen und war froh, dass mir der Schweinezüchter nur einen bündlerischen Blick zuwarf und schwieg. Mit den Jahren bin ich etwas mutiger geworden. Es hat nur leider nicht angedauert. Hören Sie meine Geschichte aus Mexiko.

Von Geisterhand

Wir waren in Oaxaca, einem bezaubernden Städtchen im südlichen Teil Mexikos. Ich belegte eines der hintersten Zimmer des Hotels. 446 oder ähnlich. Um 23 Uhr war ich schlafen gegangen. Meine Koffer standen gepackt im Zimmer, die Büchertasche hatte ich auf den Fauteuil gestellt. Um vier Uhr früh wachte ich auf, weil meine Büchertasche mit großem Gepolter auf den Boden gefallen war. Ich war wie versteinert: noch mehr Ratten? Oder war jemand im Zimmer? Mein Herz klopfte, aber ich machte trotzdem Licht und stand auf. Heroisch. Ich hatte zwar nie Ratten gesehen in diesem Hotel, das gut gebaut war, und auch ein Eindringen von Unbefugten schien schwerlich möglich, hatte ich doch die Tür wieder doppelt verschlossen. Auch die großen Fenster konnten von außen nicht geöffnet werden. Trotzdem suchte ich das ganze Zimmer ab. Ich schaute unter das Bett, ins Badezimmer, hinter die Vorhänge, in den Schrank hinein. Nichts bewegte sich, alles mucks-(Mäuschen!)-still. Sinnierend legte ich die Tasche wieder auf den Stuhl, und zwar so, dass sie das Gleichgewicht keinesfalls verlieren konnte. Aber es war eigentümlich. Die Tasche hatte das Gleichgewicht auch zuvor nicht verlieren können, denn es handelte sich um einen tiefen Polstersessel, und ich war mir ganz sicher, dass ich die Tasche schon am Vorabend an die Rückenlehne gelehnt hatte. Außerdem: Auch wenn man die Möglichkeit des Gleichgewichtes in Betracht zog, so hätte die Tasche doch bestimmt nicht fünf Stunden gebraucht, um das Gleichgewicht zu verlieren. Es gab einfach keine Erklärung, und ich hatte Mühe, wieder einzuschlafen. Gerade als ich dazu im Begriff war, fiel die Tasche mit noch größerem Gepolter erneut vom Stuhl. Seltsamerweise war mir plötzlich, als hätte ich eine Nachricht erhalten: Offensichtlich durfte die Tasche nicht auf dem Stuhl liegen. So nahm ich sie und legte sie flach auf den Boden. Den Rest der Nacht verbrachte ich ungestört. Aber anderntags traf ich in Acapulco Jaimé, einen unserer Lokalführer, und ich erzählte ihm die Geschichte. Er fragte mich sofort nach der Zimmernummer, lachte dann und sagte: »Dieses Zimmer wird von einem Geist heimgesucht, wir, die wir regelmäßig dort absteigen, wissen das und weigern uns, dort untergebracht zu werden, weil uns der Geist regelmäßig belästigt«, und er erzählte mir, dass er für den Geist einmal sogar habe das Bett räumen müssen.

Albträume sind und waren über die ganzen Jahre ein Thema für mich. Bis zum heutigen Tag. Lesen Sie das nächste Kapitel.

Albdruck in Ägypten

Heute früh bin ich wieder einmal aus einem schweren Traum erwacht. Ich war mit einer Gruppe auf Reise und hatte vergessen, die Gäste über die Abfahrtszeit zu informieren, daher war die Hälfte der Gruppe nicht vor Ort. Furchtbar!

Immer wieder träume ich diesen oder einen ähnlichen Traum. Seit mehr als zwanzig Jahren. Ich träume von Situationen, die mir zwar nie passiert sind, die mich aber belasten. Zum Beispiel, dass ich zum Flughafen fahren muss, mein Flug in einer Stunde startet, mein Koffer aber noch nicht gepackt ist. Im Zusammenhang mit der Veröffentlichung meiner Erinnerungen habe ich mich etwas näher mit diesen Träumen befasst, und mir kam zu Bewusstsein, dass es Nachwirkungen sein müssen von der großen Verantwortung, die ich zwanzig Jahre lang getragen habe und die mich vielleicht mehr belastet hat, als ich je zuzugeben bereit war.

Plötzlich fiel mir Ägypten ein. Präsident Sadat hatte im Frühjahr 1979 den Friedensvertrag mit Israel unterzeichnet. Ich durfte die ersten Schweizer Juden begleiten, die offiziell nach Ägypten reisten. Was für eine Aufregung! Fernsehen und Radio empfingen uns am Flughafen, die gesamte Presse berichtete darüber, und natürlich wurden wir während des ganzen Aufenthaltes bewacht.

Kurz darauf schickte mich die Agentur erneut mit einer Gruppe nach Ägypten, diesmal über Silvester. Das Volk am Nil wies hohe Geburtenraten auf. Es brauchte dringend Arbeit, Einkommen, Bildung, und Anwar as-Sadat war klar, dass für sein Land, das die vielleicht größten Kulturschätze der Welt birgt, Aussicht auf Besserung im Tourismus lag. Der Hoffnungsträger förderte Privatinvestitionen in die Infrastruktur, Straßen, Hotelanlagen, Busse, in den Flugverkehr und die Ausbildung von mehrsprachigen Ägyptologen. Aber 1979 lag alles noch im Argen.

Am 31. Dezember sollte ich mit meiner Gruppe im damals besten Hotel von Assuan, dem Hotel Oberoi, übernachten. Natürlich wusste ich, dass das Hotel meistens überbucht war, aber mein Arbeitgeber hatte einen guten Ruf, und zumeist gehörten wir zu den Glücklichen, die ihre Zimmer erhielten. Als ich jedoch an jenem Tag im Lauf des Nachmittags mit meiner Gruppe ankam, waren sämtliche Betten belegt. Damals gab es nur zwei einigermaßen bewohnbare Hotels in Assuan, das Hotel Oberoi und das Winter Palace. Es war entsetzlich, und ich weiß nicht mehr, wie ich die Nerven behalten konnte. Wir übernachteten schließlich im zwar legendären, allerdings mitten in Renovationsarbeiten befindlichen Winter Palace, und am 1. Januar meldete mir ein Gast, dass er mit seiner Frau und seinen beiden Töchtern in einem Zimmer ohne Fensterscheiben hatte schlafen müssen. Und irren Sie sich nicht: Im Winter können die Temperaturen nachts auch in Ägypten auf null Grad fallen. Noch heute bin ich jenem Herrn dankbar, dass er mir dieses unangenehme Erlebnis mit einem nachsichtigen Lächeln erzählte … Ich hätte es ihm durchaus nachsehen können, wenn er außer sich gewesen wäre. Heute würde man auf ein Nilschiff ausweichen, aber damals fuhren genau zwei Luxus-

sowie zwei historische Schiffe auf dem Nil – heute sind es rund dreihundert.

Die Tourismusindustrie entwickelte sich rasant, und die Folgen gefielen mir nicht. Immer öfter sah ich Touristinnen, die die Tempel in Bikinis, bestenfalls mit einem Pareo um die Hüften, besuchten. Ich bat ihre verantwortlichen Reiseleiter, einzugreifen, aber die zuckten mit den Schultern, sagten, dafür seien sie nicht verantwortlich. Ich sah, wie die Einheimischen Missfallen bekundeten. In Mittelägypten wurden unsere Schiffe immer wieder mit Steinen beworfen. Im Süden Ägyptens trugen die Frauen in jener Zeit nach wie vor den traditionellen schwarzen Überwurf und einen Schleier, und die leichtbekleideten Frauen waren ein Schock für sie. Ich führte ein ernstes Gespräch mit dem Direktor des Hilton-Nilschiffes, mit dem wir regelmäßig Kreuzfahrten machten. Ich war mittlerweile so oft auf diesem Schiff, dass wir befreundet waren. Ich versuchte ihn davon zu überzeugen, Kleidervorschriften zu erlassen. »Wir haben Angst, dass die Touristen dann ausbleiben werden«, gab er zu bedenken. Ahnungsvoll antwortete ich: »Dieser Entscheid könnte kontraproduktiv sein, ich hoffe, dass du ihn nicht bedauern musst.«

Es dauerte nicht lange, und wütende Islamisten griffen die ersten Touristen an. Eine Gruppe von Jugendlichen wollte – leichtbekleidet – eine Moschee im konservativen Mittelägypten besichtigen. Und ein paar Monate später waren es, mitten in Luxor, junge Mädchen in kurzen Hosen, die attackiert wurden … Ich sah mich in meinen Ahnungen bestätigt. Ägypten war nicht bereit für diese Art der Öffnung. Spätestens als mir eine sehr kultivierte, modern wirkende Ägypterin auf meine Frage bestätigte, dass die meisten Mädchen im Lande beschnitten würden, »weil sie sonst keinen Ehepartner finden«, war mir klar, dass hier zwei Welten aufeinanderprallten. So begann ich, zu Beginn der Reise Vorträge zu halten, um meinen Gästen die Situation näherzubringen. Es lag an mir, Einsichten zu vermitteln, denn die (einheimischen) Ägyptologen hielten sich nicht für zuständig, sie fanden das Thema wohl zu heikel. Die meisten Gäste verstanden meine Sorgen. Selten einmal begegnete ich Widerstand: »Wieso dürfen wir keine kurzen Hosen tragen, wenn es doch viele andere auch tun?«

Um frühmorgens auf den begehrten ersten Flug von Kairo nach Assuan zu kommen, brachte ich von jedem Flug aus der Schweiz eine Flasche Whisky mit, gedacht für jene Angestellten, die die Flüge zuteilten. Der Whisky, der sich auf dem Schwarzmarkt gut verkaufte, sicherte uns die Plätze im Flugzeug nicht nur nach Assuan, sondern gleich im Anschluss nach Abu Simbel. Die Felsentempel von Abu Simbel, der große Tempel zum Ruhm Ramses II. und der kleine Hathor-Tempel zur Erinnerung an Nefertari, die königliche Gemahlin, stehen seit 1979 auf der Liste des Weltkulturerbes der UNESCO. Ein absolutes Muss für jeden Ägyptenreisenden. Der erste Flug war insofern wichtig, als der Tempel am frühen Morgen im Licht der Sonne erstrahlt – ein überwältigender Anblick. Abu Simbel am frühen Morgen hieß aber auch: um 1.30 Uhr aufstehen. Wie oft kniete ich in meinem Bett und schlug mit den Fäusten darauf ein, den Tränen nahe? »Jetzt reiche ich meine Kündigung ein, das halte ich nicht mehr aus!« Aber um fünf Uhr früh war alles vergessen: Das Licht der Sonne, die beiden majestätischen Tempel, der glitzernde Nassersee, der Duft der Wüste … ja, die Wüste hat einen Duft, und all das hat mich jedes Mal versöhnt.

Die ausgebuchten Hotels: Es war die Zeit vor dem weltweiten Massentourismus. Natürlich waren auch in jenen Jahren viele Leute unterwegs, aber in den sich eben öffnenden Ländern mangelte es für den großen Ansturm von Touristen an geeigneten Unterkünften. Nicht nur in Ägypten fehlten in den ersten Jahren die Hotels. Ich stand oft vor überbuchten Hotels, sei es zur Hauptsaison in Norwegen, zur Karnevalszeit in Brasilien oder zur Weihnachtszeit in Indien. In China wussten wir in den ersten Jahren der Öffnung nie, wo wir übernachten würden, nein, wir wussten nicht einmal, welche Städte wir besuchen würden. Da blieben dann hin und wieder weder Enttäuschungen noch Überraschungen aus.

Erst heute, nachdem ich mir tatsächlich zum ersten Mal überlegt habe, woher meine Albträume rühren, wird mir bewusst, in wie vielen schwierigen Situationen ich mich im Lauf der zwanzig Jahre befunden habe.

Im Wachzustand überwiegen die positiven Erinnerungen bei weitem. Meine regelmäßigen Albträume führen mir jedoch vor Augen, dass ich die Auswirkungen und die in der Regel fast immer gut überstandenen Pannen erst heute zu spüren bekomme. Auch die nächste Geschichte hat mich noch lange beschäftigt und dürfte genauso Anlass sein für nachträgliche Albträume. Es ist die Geschichte mit Patrick.

Respektiere die Gesetze

Und welche Geschichte hat mich gelehrt, dass Konsulate und Botschaften rund um die Uhr geöffnet sind? Die Geschichte mit Patrick.

Hinterher ist man immer gescheiter, und heute wundere ich mich natürlich über mein Verhalten. Auch dieses Erlebnis spielte sich zu einem Zeitpunkt ab, als sich der Tourismus in Ägypten gerade zu entfalten begann. Wir wussten zwar, dass es in Mittelägypten eine Gruppe von radikalen Muslimen gab, deren Kinder auch schon mal mit Steinen nach unseren Kreuzfahrtschiffen warfen. Wir wussten, dass Sadat ein Opfer der muslimischen Bruderschaft geworden war, aber noch waren Kairos Straßen von kopftuchbedeckten Frauen und Mädchen so gut wie frei, und wir erlebten Ägypten, speziell den nördlichen Teil, als ausgesprochen liberal. Im Sommer, und besonders während des alljährlich stattfindenden Ramadans, waren wir in den Fünf-Sterne-Hotels von Kairo immer stark in der Minderheit: Die Mehrzahl der Gäste waren Muslime aus den benachbarten Ländern. Durch eine Reise kann man die strengen Gesetze des Ramadans umgehen (auf einer Reise muss man sich nicht zwingend an die religiösen Gesetze halten, deshalb reisen viele Muslime gerne während des Ramadans), außerdem gab es in Ägypten kein Alkoholverbot wie in anderen muslimischen Ländern. Wenn ich heute nach Ägypten fahre und mir das gewandelte Straßenbild in Kairo ansehe, wenn ich feststelle, dass sich in der Zwischenzeit sogar meine ägyptischen Kolleginnen dem Zwang beugen, ihr

Haupt zu bedecken, die langen, traditionellen Kleider wieder hervorgeholt haben und sogar Handschu-
he tragen, dann wird mir bang, weil ich ahne, dass
es nicht ganz freiwillig geschieht. Die Frauen beugen
sich dem psychischen und manchmal wohl auch physischen Druck der Gesellschaft. Wie stolz haben uns
doch unsere ersten Ägyptologinnen erzählt, dass es
eine Ägypterin (die Frauenrechtlerin Huda Scha'arâi)
gewesen sei, die als erste orientalische Frau anfangs
der 1920er Jahre ihren Schleier demonstrativ in das
Hafenbecken von Alexandria geworfen habe. Gerne erwähnten sie auch, dass sie sich nicht als Araber
verstünden und deshalb auch liberaler seien, sie sei-
en nur arabisiert worden. Ich weiß nicht, ob solche
Themen heute noch zur Sprache kommen, ich kann
mich aber gut an die Unruhe und Angst in den Ge-
sichtern meiner Geschlechtsgenossinnen erinnern, als
sich die Entwicklung im Tourismus als Resultat der
gewalttätigen Machenschaften der Fundamentalisten
plötzlich stark verlangsamte. Viele von ihnen mussten nicht nur sich selbst, sondern auch ihre Familien,
arbeitslosen Ehemänner, Kinder, ja selbst ihre Eltern
durchfüttern. Sie hatten wohl nicht nur Angst um ihr
Einkommen, sondern auch vor einer Veränderung
des sozialen Klimas. Zu Recht, wie sich in der Zwischenzeit gezeigt hat. Vor dem Hintergrund dessen,
was ich heute weiß über Ägypten, nimmt sich meine
Geschichte schon leichtsinnig aus, aber wie gesagt,
die Zeichen standen noch anders, und ich denke, wir
alle – Ausländer wie Einheimische – verdrängten das,
was sich leise ankündigte.
Zwischen 1977 und 1996 flog ich jeden Winter

mehrere Male hin und her zwischen der Schweiz und Ägypten, während unsere französischen Kollegen in Kairo stationiert waren. Aufgrund der Tatsache, dass wir in unserem Beruf oft auf ein Privatleben verzichten müssen, ergeben sich automatisch kumpelhafte Freundschaften, die wir weltweit pflegen. Und so kam es, dass ich für Patrick aus Paris einigermaßen Verständnis aufbringen konnte, als er sich darüber beklagte, dass das Nachtleben in Ägypten so schrecklich langweilig sei und dass er sich ja noch daran gewöhnen konnte, mit Ägypterinnen nicht flirten zu dürfen. Dass er sich aber nicht an nackten Tatsachen erfreuen durfte, das machte ihm wirklich zu schaffen. Ob ich ihm denn nicht bei meiner nächsten Einreise Literatur wie »LUI«, »Playboy« oder ähnliches mitbringen könnte. Natürlich wusste ich, dass die Einfuhr solcher Schriften verboten war, aber in all den Jahren war ich kein einziges Mal kontrolliert worden, und so verschwendete ich keinen Gedanken an etwaige Folgen eines solchen Importes, deckte mich mit ein paar dieser Medienerzeugnisse ein und flog wieder nach Kairo. Patrick freute sich wie ein kleines Kind und wollte mich zum Dank zum Essen einladen. Dabei konnte er es nicht nur nicht lassen, sich noch bei Tisch die Bilder anzuschauen, sondern er rief auch unseren Kellner, den er kannte, zu sich und zeigte ihm die Magazine. Noch bevor unser Essen serviert wurde, stellte sich die Polizei vor und beschlagnahmte die seichte Literatur. Patrick setzte sich zur Wehr, weigerte sich, die Hefte herzugeben. Da stellte sich ein Herr vor, der mit einem Freund und ihren Frauen unweit von uns gesessen hatte, und erklärte uns, *er* habe Anzeige erstattet. Es gab einen riesigen Streit, den Patrick verlor, ja verlieren musste, war er doch einerseits im Unrecht, andererseits war er als Ausländer sowieso im Nachteil. Sein Verhalten war umso ungeschickter, als er nicht wusste, mit wem er es zu tun hatte. So wurden letztlich nicht nur die Magazine beschlagnahmt – mehr noch: Patrick wurde auf der Stelle verhaftet. Ich war schockiert, fühlte mich zwar verantwortlich für die Einfuhr der Magazine, nicht aber für Patricks Verhalten. Der Herr, der Patrick angezeigt hatte, verlangte eine Entschuldigung von ihm, ansonsten die Justiz ihren Lauf nehmen würde. Patrick weigerte sich, eine Entschuldigung abzugeben, und landete für seinen Eigensinn im Gefängnis. Natürlich wurde die Hoteldirektion in die Sache hineingezogen, und ich erfuhr, dass der Ankläger der Sohn des damaligen Finanzministers war und es der Direktion angenehm gewesen wäre, wenn wir die Angelegenheit möglichst schnell hätten ad acta legen können. Ich war sehr unglücklich über die ganze Geschichte, machte mir Vorwürfe über meine Unvorsichtigkeit und hatte gleichzeitig natürlich auch Angst, dass mich Patrick verraten würde: Ich hatte keine Lust auf ägyptische Haft, und ein Einreiseverbot wäre mir auch nicht gerade angenehm gewesen … Schlaflos wälzte ich mich in meinem Bett. Um 22 Uhr ging zum ersten Mal das Telefon. Patrick rief mich aus dem Gefängnis an mit der Bitte, sofort die französische Botschaft zu informieren, damit sie ihn rausholen würden, es sei ganz schlimm im Gefängnis. Er sei vom Polizeiposten aus wie ein Stück Vieh und mit richtigem Gesindel ins Gefängnis abtransportiert worden. Die Leute, wahrscheinlich vorwiegend Diebe und noch dazu solche, die wahrscheinlich aus Armut und Verzweiflung zu Kriminellen geworden seien, würden brutal geschlagen, und die hygienischen Bedingungen seien unbeschreiblich. Er allein hätte einen wackeligen Stuhl und würde einigermaßen respektvoll behandelt, wohl weil er Europäer sei und niemand so genau wisse, weshalb er überhaupt da sei. Das sei auch der Grund, weshalb er rauchen und telefonieren dürfe. Ich versprach Patrick, die französische Botschaft anderntags anzurufen, und hängte auf. Zwei Stunden später rief er mich wieder an, und ich fragte mich insgeheim, ob er sein Verhalten wohl in der Zwischenzeit bereute, aber er gehörte offensichtlich zu den »Verstockten«, wiederholte bloß, wie grässlich die Situation im Gefängnis sei, und warum ich um Gottes Willen die Botschaft noch nicht kontaktiert hätte.

»Die schlafen doch alle, was soll das, ich mache das morgen früh«, antwortete ich ihm, und als er um zwei Uhr noch verzweifelter anrief: »Ich muss hier sofort raus, ich halte diese Brutalität, diesen Gestank und diesen Schmutz nicht aus«, fühlte ich mich ausgesprochen hilflos. Um sieben Uhr rief er mich zum letzten Mal an, um mir zu sagen, dass sein Chef die Botschaft kontaktiert habe und dass er anderntags einen Gerichtstermin habe, wozu ihm die französische Botschaft einen juristischen Beistand schicke.

Und so geschah es dann auch, Patrick wurde mit seinem Anwalt vor Gericht empfangen. Die vorwiegend jungen Richter behaupteten, die Situation nicht richten zu können, bevor sie die einschlägigen Hefte nicht studiert hätten, was sie auch gleich an Ort und Stelle mit dem entsprechenden Zeitaufwand intensiv taten. Offensichtlich kichernd und genüsslich. In der Folge sprachen sie ihn frei, allerdings mit der Verwarnung, dass er sich nicht noch einmal erwischen lassen dürfe. Die Magazine behielten sie. Der Polizist, der Patrick zum Gericht geführt hatte, wünschte sich als Geschenk Patricks restliche Zigaretten, und wenn er noch mehr solche Magazine hätte, dann wäre er ein ausgesprochen dankbarer Abnehmer ...

Ich sah Patrick ein letztes Mal, als er grau und übernächtigt dem Taxi entstieg, das ihn vom Gericht zurückbrachte. Telefonisch hatte er für den nächsten Tag bereits einen Flug gebucht, zurück nach Paris, und seine Kündigung eingereicht: »In so einem Land kann und will ich nicht freiwillig leben«, sagte er empört und verabschiedete sich.

Unser Beruf bringt uns in steten Kontakt mit den Sonnen- und den Schattenseiten eines Landes, seine Sitten und Gebräuche. Gerade auf Reisen in Drittweltländern setzte mir die Armut und bisweilen auch die Hoffnungslosigkeit psychisch arg zu. Umso mehr genoss ich dann aber auch die Annehmlichkeiten, die mir gelegentlich durch die Umstände in den Schoss fielen. Dazu gehörte der Besuch bei einem berühmten Coiffeur in Kairo.

Kulturreisen in Ägypten sind nicht sonderlich erholsam: Frühes Aufstehen ist an der Tagesordnung, das Herumturnen auf den Tempelruinen bei hohen Temperaturen nimmt einen körperlich mit. Früher, als es noch im ganzen Land an gut ausgebildeten und sprachlich versierten Ägyptologen mangelte, übersetzten wir auch noch die ganzen Erklärungen, sei es aus dem Englischen ins Deutsche, vom Deutschen ins Französische oder umgekehrt. Anfänglich strengte mich das so an, dass ich nach dem Nachtessen erschöpft ins Bett sank – es reichte nicht einmal mehr für meine übliche Lesestunde im Bett. Außerdem kam natürlich der Kulturschock dazu. Nach meinen ersten Ägyptenreisen saß ich mehrmals wie betäubt in meinem Wohnzimmer und dachte: Das kann alles gar nicht sein, wahrscheinlich war ich nicht *wirklich* dort, bilde es mir bloß ein. Aber der Blick auf meine noch verschlossenen Koffer bestätigte mir, dass ich keiner Illusion zum Opfer gefallen war.

Der Barbier von Kairo

Nach einer anstrengenden Reise, aber noch vor meiner Rückreise in die Schweiz, sah ich mich im Spiegel an und war nicht sonderlich stolz auf mein Bild. Ein Ehepaar aus der Gruppe wollte mich abends in ein berühmtes Restaurant einladen, aber ich sah müde aus, abgekämpft, die Haare in einem entsprechenden Zustand, und ich beschloss, einen Coiffeur zu suchen. Ich ließ mir ein paar Adressen geben und zog los, um mir die Salons anzusehen. Aber wenn ich die Interieurs sah, wusste ich, dass ich nicht an der »richtigen« Adresse war. Überall sah es so aus, als ob der Barbier auch Zähne ziehen würde. Ich sah ein, dass meine Erwartungen an einheimische Figaros zu hochgesteckt waren und schickte mich an, ins Hotel zurückzumarschieren. Dabei kam ich an einem etwas verstaubten Salon vorbei, ausgestattet mit französischen Stilmöbeln. Neugierig öffnete ich die Tür zum Erdgeschoss. Es war leer, jedoch mit Bildern von Frau Sadat sowie anderen gekrönten und ungekrönten Häuptern ausgestattet. Im ersten Stock hörte ich ein Geklimper, so stieg ich die enge Treppe hinauf und sah mich oben kurz um: Die Angestellten arbeiteten auch hier mit unglaublich alten und altmodischen Handwerksutensilien, aber ich dachte mir: Naja, schlimmer als ich hier reingekommen bin, kann ich nicht rausgehen. Ich bleibe.
Kein Mensch beachtete mich. An der Kasse lehnte nachlässig und zigarettenrauchend ein Mann, der mich mit jener Geringschätzung ignorierte, die Männer dieses Erdteils gelegentlich auszeichnet. Ich hielt

ihn für den Kassier und fragte ihn auf Englisch, ob man mich auch ohne Voranmeldung empfangen könne. Er sah mich lange prüfend an, von oben bis unten und von unten bis oben, und dann noch einmal. Ich war etwas verwundert und hatte den Eindruck, eine Prüfung bestanden zu haben, nachdem er herablassend, kurz und bündig mit Ja geantwortet hatte. Er bedeutete mir wortlos, nur mit einer kurzen Kopfbewegung, mich zu setzen. Neugierig sah ich mich um. Langsam dämmerte mir, dass ich wohl nicht in einem »gewöhnlichen« Salon gelandet war: Ich konstatierte schnell, dass die Fertigkeit der Haarkünstler weit überdurchschnittlich war, es wurde stillschweigend, allenfalls flüsternd gearbeitet, und die mit mir wartenden Frauen saßen ehrfurchtsvoll schweigend oder lesend da. Ein kurzer Blick in die Runde der Damen ließ mich auch hier einen schnellen Schluss ziehen: ausnahmslos Damen der Oberschicht. Noch nie hat mir ein Besuch in einem Damensalon so viel Kurzweil beschert und so viel Bewunderung in mir erzeugt. Der »Kassier« sagte nur hin und wieder ein Wort, und die Angestellten arbeiteten auf seine Anweisungen hin, das hatte ich, staunend zwar, aber schnell kapiert. Dann wurde ich in die Zange genommen, meine Haare wurden gewaschen, gewickelt, geföhnt. Und als ich vorbereitet war, kam er, den ich für den Kassier gehalten hatte, und entpuppte sich in der Folge als der größte Haarkünstler, den ich je an meinem Kopf habe hantieren sehen. Seine schmalen, langen Hände griffen in meine Haare, und mit wenigen Bewegungen hatte er mir eine zauberhafte Frisur geschaffen. Ich, die man in Bezug auf Frisuren schwer zufriedenstellen kann, saß fasziniert da. Eine der distinguierten Damen muss mich beobachtet haben, denn plötzlich näherte sie sich mir und fragte flüsternd auf Französisch: »Wissen Sie denn überhaupt, wo Sie sind?« Da antwortete ich perplex: »Nein, aber ich beginne es zu erahnen.« »Sie werden gerade gekämmt vom berühmtesten Coiffeur des ganzen Mittleren Orients, er schart eine exklusive Kundschaft um sich und kehrt seit Jahren regelmäßig mit dem ersten Preis eines berühmten Wettbewerbes aus Paris zurück.« Beim Verlassen des Salons sah ich nun natürlich nicht mehr nur die Bilder der arabischen und europäischen, vorwiegend politischen und adeligen Damengesellschaft, sondern ich erkannte nun auch sein Konterfei daneben und gelegentliche Widmungen. Vor allem aber sah ich die vielen Trophäen, und ich freute mich natürlich über meine Zufallsentdeckung. Von nun an bat ich jedes Mal, wenn ein Besuch beim Coiffeur angebracht erschien, um einen Einsatz in Ägypten, und meine Freunde mokierten sich ein bisschen über den Snobismus, für einen Coiffeurbesuch nach Kairo fliegen zu wollen. Nun ja, mein exklusiver Coiffeur war für ägyptische Verhältnisse zweifellos teuer, kostete so viel, wie ein Fellache damals pro Monat verdiente, aber verglichen mit den Preisen europäischer Haarkünstler bezahlte ich natürlich immer noch wenig. Mit der Zeit schien sich der Maestro sogar über meine treuen Besuche zu freuen. Immerhin war sich der Star aus Kairo nicht zu gut gewesen, seinem Schweizer Kollegen bei meinem ersten Besuch ein Kompliment zu zollen. Mit den paar Worten Französisch, die er konnte, sagte er: »Cheveux coupés par grand maître«, zu Deutsch etwa: »Haare geschnitten von großem Meister.« Aufgrund unseres sprachlichen Kommunikationsproblems verständigten wir uns in der Folge mittels Bleistiftzeichnungen, und wir freuten uns immer, wenn das Resultat meinen Vorstellungen entsprach. Tatsächlich habe ich nicht nur unvergessliche Erinnerungen an den Orient. Zeitgleich arbeitete ich nämlich in Asien, und dieser Erdteil ist mir mit seinen Menschen, Gerüchen, Sitten und Gebräuchen ebenfalls in unauslöschlicher Erinnerung. Nicht zuletzt denke ich heute noch oft an meine Begegnungen in Japan.

Frauen in Japan

Japan zur Kirschblütenzeit. Wer hat nicht schon die Fotos gesehen und ein Sehnen in der Brust gespürt? Ich kann es nur bestätigen: Man wandelt durch die Parks unter den blühenden Bäumen wie in einem Traum, in einem Film, und kann es nicht fassen. Mitte der Achtzigerjahre war ich für etliche Wochen in Japan stationiert. Außer in wenigen europäischen Ländern begleiteten uns immer einheimische Lokalführer, die entweder des Deutschen oder des Französischen mächtig waren – selten einmal waren nur englischsprachige Führer verfügbar, und dann war es unsere Aufgabe, die Erklärungen zu übersetzen. Unsere Schweizer Gruppen waren praktisch ausnahmslos zweisprachig, Deutsch und Französisch. Auf meiner ersten Reise durch Japan begleitete uns ein Mann. Ich war etwas befremdet, denn in seiner Arbeit beschränkte er sich auf das absolute Minimum. Er gab nur kurze Erklärungen ab, erzählte nichts, was wir nicht selbst in den Büchern hätten nachlesen können. Wir aber wollten Informationen über das tägliche Leben der Japaner, über Dinge, die man nicht zwangsläufig in Reiseführern zu wissen bekommt. Er aber weigerte sich, darüber zu sprechen. Er war alles andere als herzlich im Umgang mit den Gästen. Ich hielt ihn für völlig ungeeignet für diesen Beruf und war sehr enttäuscht, wusste ich doch, wieviel ein lokaler Führer zum Gelingen einer Reise beitragen konnte. Ganz anders auf meiner zweiten Reise durch das Land. Eine Dame mittleren Alters mit hervorragenden Deutschkenntnissen begleitete uns. Sie war all das, was ihr Vorgänger nicht gewesen war: empathisch, fröhlich und begierig, uns einen spannenden Aufenthalt zu garantieren. Sie erzählte uns all die Dinge, die wir wissen wollten. Natürlich sprach ich sie auf ihren Vorgänger an. Sie lachte leicht verlegen, gleichzeitig etwas bitter und erklärte mir, dass das mit den japanischen Sitten zu tun habe. »Sehen Sie«, sagte sie, »wenn ein Mann in Japan eine Ausbildung hat wie ich zum Beispiel, einen akademischen Grad, und hervorragend Deutsch oder eine andere Sprache spricht, wird er in jedem Unternehmen mit offenen Armen empfangen und sofort sehr gut bezahlt. Wenn er aber den beruflichen Anforderungen nicht entspricht, obwohl er sprachlich gut ist, bleibt ihm nur der Tourismus. Sie wissen, dass wir im Tourismus nicht gut bezahlt sind, und daher ist er natürlich unzufrieden mit seiner Arbeit. Aus diesem Grunde finden Sie in Japan sehr gut ausgebildete Frauen im Tourismus, weil es für uns ansonsten kaum spannende Arbeitsplätze gibt. Noch heute ist es so, dass wir spätestens mit 23 Jahren heiraten sollten, und dann wird von uns erwartet, dass wir uns aus dem Berufsleben zurückziehen. Tun wir es nicht, sei es, weil wir das nicht möchten, sei es, weil wir vielleicht noch keinen Mann gefunden haben, sind wir dazu degradiert, Kaffee zu servieren und Fotokopien zu machen – auch wenn wir eine akademische Ausbildung haben. Mein Mann wird zum Beispiel von seinen Arbeitskollegen verachtet, weil er mir erlaubt, dass ich arbeite.«

Ich unterhielt mich stundenlang mit meiner ausgesprochen sympathischen Lokalführerin und war sprachlos über das, was sie mir erzählte. Als ich nach dieser Reise für die Abrechnung zu unserer japanischen Agentur ging, erzählte ich meiner japanischen Sachbearbeiterin davon. Ich äußerte den Wunsch, in Zukunft nur noch Frauen zugeteilt zu bekommen. Sie antwortete, dass ich diesen Wunsch in einem Land wie Japan nicht äußern könne. »Das kann ich sehr wohl«, sagte ich, »denn ich bin Ausländerin, ich gehe jetzt zu Ihrem Chef.« Sie war entgeistert und bat mich, mein Vorhaben zu unterlassen. Ich erhob mich entschlossen und steuerte auf das Büro ihres Vorgesetzten zu. Ich sehe heute noch, wie mir die junge, hübsche Angestellte auf meinem Weg dorthin mit Gesten zu verstehen gab, dass ich für japanische Verhältnisse etwas Ungehöriges zu tun im Begriff war. Natürlich freute sich der Vorgesetzte nicht über mein Ansinnen, aber ab sofort arbeitete ich nur noch mit Frauen, und ich habe wunderbare, mehr noch: außergewöhnliche Japanerinnen kennengelernt.

Im Lauf meines Aufenthalts habe ich noch viele solche Geschichten erfahren. Eine junge Frau erzählte mir, dass ihre Ehe mit einem Neuseeländer nicht funktioniert habe und sie als geschiedene Frau jetzt für ihr eigenes Einkommen sorgen müsse, außerdem wurde sie – da sie einen Nicht-Asiaten geheiratet hatte – aus der Gesellschaft ausgeschlossen. Das bestätigte mir auch eine andere Frau und Mutter, die es ihrer Tochter erlaubt hatte, einen deutschen Staatsbürger zu heiraten. Er spreche leidlich Japanisch, erzählte sie, aber die Japaner würden ihn verachten, weil er es eben nicht perfekt spreche. Und ihrem Mann werfe man nun seine Großzügigkeit ihr gegenüber vor.

Weil er seine Frau arbeiten lasse, sei er schuld daran, dass die Tochter außerhalb der Gesellschaft geheiratet habe. Eine weitere Frau mittleren Alters berichtete mir, dass sie aufgrund dieser gesellschaftlichen Enge und der Zwänge seit Jahren gegen Depressionen ankämpfe, während mir wiederum eine junge Frau ebenfalls ziemlich resigniert erzählte, dass sie frisch verheiratet, aber dankbar sei, dass ihr Mann ihr erlaube, zu arbeiten, solange sie noch keine Kinder hätten. Das ist nun natürlich lange her, und ich dachte, dass sich die Verhältnisse auch in Japan geändert hätten. Nachdem ich diese Erinnerungen niedergeschrieben hatte, befiel mich ein schlechtes Gewissen. Vielleicht war ja heute alles anders. Ich kontaktierte einen Freund in Tokio, und er sagte, leider habe sich nicht viel geändert.

Ich musste mich allerdings auch belehren lassen. Meine Gäste fragten mich immer wieder, warum wir nicht in typisch japanischen Hotels übernachteten. Diese Häuser nennt man Ryokan (Reisehaus). Ihre Tradition reicht zurück bis ins zehnte Jahrhundert. Ich bat die Agentur, uns doch wenigstens eine Nacht in einem solchen Hotel übernachten zu lassen. Der Verantwortliche wehrte sich lange: »Die Gäste müssen auf dem Boden schlafen, am Boden essen, es gibt keine europäische Küche, nicht einmal im Ansatz, und die Angestellten sprechen nur Japanisch. Ich garantiere Ihnen, dass Ihre Gäste dem nichts abgewinnen würden.« Natürlich gab ich nicht auf. Irgendwann durften wir in einem Ryokan übernachten. Und es war genau so, wie es mein Ansprechpartner beschrieben hatte. Meine Gäste aßen nichts, weder am Abend noch zum Frühstück, und sie fühlten sich unwohl auf dem Boden. Ich war die Einzige, die Begeisterung zeigte für die in Essig eingelegten Fische, die Gurken und Algen. Doch auch für mich war das Essen gewöhnungsbedürftig, dabei liebe ich die japanische Küche. Es ist ein bisschen so wie mit der chinesischen Küche: In Europa wird die asiatische Küche dem einheimischen Geschmack angepasst, in Japan und China selbst schmeckt alles anders. Oft sagten mir die Gäste: »Aber bei uns ist das japanische/chinesische Essen viel besser«, und ich hörte sehr schnell auf, ihnen zu erklären, wieso.

Um etwas realere Dinge geht es in meiner Geschichte aus China. Nämlich um Schönheitsideale.

Spieglein, Spieglein an der Wand

Vor ein paar Jahren fragte mich ein lokaler Führer in Beijing, ob er mich seinem Freund Liu vorstellen dürfe. Ich wusste, dass Mang ein bisschen in mich verliebt war, wusste auch, dass er sehr stolz war, wenn er mir als Lokalführer zugeteilt war, und dass er allen seinen Freunden von mir erzählt hatte. Was sie von mir wussten, entzog sich allerdings meiner Kenntnis, aber die Tatsache allein schmeichelte mir. So waren wir denn eines Tages mit Liu im Kaiserpalast zu einem Glas Jasmintee verabredet, und Mang forderte mich auf, mich mit Liu auf Englisch zu unterhalten. Mang selbst sprach Deutsch. Damals war es für Chinesen, die nicht im Tourismus arbeiteten, nicht einfach, ihre Fremdsprachen zu praktizieren. Liu sprach ein vorzügliches Englisch und war außerdem ein charmanter junger Mann, hübsch dazu. Doch der arme Kerl schien krank zu sein, denn er zitterte am ganzen Leib, und auch seine Stimme bebte. Wie tragisch für so einen jungen, offensichtlich gut ausgebildeten Mann. Ich empfand großes Mitleid mit ihm, und da sein Zustand ja offensichtlich war, fragte ich ihn teilnahmsvoll nach der Ursache seiner Krankheit. Liu schaute mich unsicher an und sagte entschuldigend, er sei nicht krank, und normalerweise zittere er ja auch gar nicht, aber er hätte eben noch nie mit einer so schönen Frau gesprochen, und das bringe ihn ein bisschen durcheinander. Diese Antwort kam sehr unerwartet, und ich war etwas betreten. Ich freute mich zwar über das unerhörte Kompliment, wunderte mich aber andererseits doch ein bisschen:

Meine europäischen Verehrer hatten sich nie so über-
schwänglich geäußert. Mang saß daneben und strahl-
te. Er sonnte sich offensichtlich in der Tatsache, der-
jenige zu sein, der so schöne Frauen kannte.

Im Lauf der Jahre erhielt ich immer wieder wunder-
schöne Komplimente in China. Öfter mal warf sich
einer mutig in die Brust, holte Luft und sagte, mich
von der Seite her betrachtend: »Sie sind eine wun-
delschöne Flau.« Ich gewöhnte mich daran, ja hatte
manchmal sogar den Eindruck, dass die Extrawün-
sche, die ich immer hatte, deshalb eher erfüllt wurden
als die meiner Kollegen. Ich kam allerdings lange nicht
hinter das Geheimnis der chinesischen Bewunderung.
Nun, seitdem das Geheimnis gelüftet ist, hält sich
meine Begeisterung in Grenzen.

Auf einer meiner Reisen in den Achtzigerjahren
nämlich animierte einer meiner lokalen chinesischen Führer die Damen zu einem Spiel. Er verteilte
Schönheitsnoten. Ich erhielt die höchste. Bedauernd
sagte er zu den etwas enttäuschten Damen in meiner
Gruppe: »Schön seid Ihr ja alle. Aber die schönste
von allen ist Ihre Reiseleiterin. Sicher wollt Ihr wissen, weshalb. Weil … sie die längste Nase hat!« Da
waren sie alle versöhnt, meine Damen, und ich …
ich schämte mich.

China zu Beginn der Achtzigerjahre war eine Heraus-
forderung. Das dürfte die nächste Geschichte beweisen.

Überraschungen in China

Es war in den Anfängen des chinesischen Tourismus, nach dem Ende der Mao-Ära, zu Beginn der Achtzigerjahre. Ich reiste mit einer lustigen Gruppe durch Japan und China. Einer der Höhepunkte Chinas war und ist Xian mit der Ausstellung seiner legendären Terrakottakrieger. Die Infrastruktur Chinas hinkte jahrelang den Bedürfnissen hinterher, und so waren mir die Flughäfen Xian und Shanghai immer ein Albtraum, da man auf beiden bei starkem Regen weder landen noch starten konnte. Ausgerechnet während der Hauptreisezeit aber regnet es gerade dort sehr oft. Unter dem Vorwand der Notwendigkeit und der Sicherheit wurden wir in den ersten Jahren gezwungen, auf der ganzen Reise chinesische Dolmetscher mitzunehmen. Meist handelte es sich dabei um verdiente Parteimitglieder, die – zumindest anfänglich – vorwiegend auch zur Bewachung der eigenen Leute, das heißt der lokalen Führer, im Dienst der Gruppe mitfahren mussten. Nicht selten waren es völlig reiseunerfahrene Sprachlehrer, die für ihre Dienste in der Partei – auf Kosten der Touristen – belohnt wurden. Sie waren aus diesem Grund nicht immer geeignet für den Job, und es konnte durchaus vorkommen, dass mir ein Dolmetscher mehr Arbeit verursachte als meine ganze Gruppe zusammen. Solange sie sich nicht ungehörig ins Programm einmischten (die Chinesen verweigerten uns in den ersten Jahren der Öffnung verbindliche Programmgestaltungen), ließ ich sie in der Regel gewähren, und viele schienen es zu genießen, ihr eigenes Heimatland gratis und auf vergleichsweise luxuriöse Art und Weise kennenzulernen.

Auf dieser Japan-China-Reise wurden wir von einem hässlichen und uncharmanten Entchen betreut. Die grässlichen Strümpfe, die sie trug, rutschten ihr dauernd in die Schuhe, und auch sonst war sie nicht nur unansehnlich, sondern auch schmuddelig. Mein Arbeitgeber legte Wert auf ein gepflegtes Auftreten der »Frontleute«, wie wir genannt wurden, und ich gab mir nicht sonderlich Mühe, mein Missfallen ihr gegenüber zu verbergen. Sie mochte mich zweifellos auch nicht, und so verabschiedete sie sich eines frühen Morgens in Xian mit drei verschiedenen Versionen. Nach der ersten Version war unser Flug nach Shanghai überbucht, nach der zweiten Version musste sie ihre kranke Tante besuchen, und nach der dritten Version wollte sie Freunde treffen und hatte dazu vom offiziellen Reisebüro die Erlaubnis erhalten. In Shanghai wollte sie uns wieder treffen. Ich weinte ihr nicht nach, und wir absolvierten unser Programm auch ohne sie problemlos. Wenigstens vorläufig. Unser Flug nach Shanghai war für 13 Uhr vorgesehen, aber beim Einchecken wimmelte man uns sofort ab: Der Flughafen von Shanghai sei aufgrund starker Regenfälle geschlossen (hin und wieder fragte ich mich tatsächlich, ob auf diese Art und Weise nicht einfach andere Unzulänglichkeiten im chinesischen Flugverkehr verheimlicht wurden). Wir fuhren also in die Stadt zurück und besuchten weitere Sehenswürdigkeiten, an denen Xian nicht arm ist, und alle paar Stunden riefen wir beim Flughafen an. Abends wurden wir köstlich verpflegt, bevor wir um 18 Uhr wieder zum Flughafen fuhren. Meine lokale Führerin schwenkte triumphierend unsere Bordkarten in der Hand und rief: »Ihr habt Glück, wir haben die Bordkarten, und das bedeutet, dass ihr fliegt!« Sie verabschiedete sich und rauschte mit dem Busfahrer ab. Das war an sich verboten, denn die lokalen Begleiter haben strikte Anweisung, den Flughafen erst zu verlassen, wenn das Flugzeug mit den Touristen in der Luft ist. Spätestens nach diesem Ereignis war mir klar, wieso.

So saßen wir denn im Flughafen zu Xian und warteten. Und warteten. *Ich* stand, denn ich hatte entdeckt – Sie werden es nicht glauben! – dass sich eine stattliche Anzahl von Ratten über, unter und hinter den an sich bequemen Polstersesseln tummelten. Irgendwie kam ich mit einem Chinesen ins Gespräch, der, was damals selten war, hervorragend Englisch sprach. Er war Direktor eines Textilfachunternehmens in Shanghai und reiste in dieser Funktion weltweit. Immer wieder gab es eine Ansage auf Chinesisch, aber außer ihm schien im ganzen Flughafen niemand Englisch zu sprechen. Noch regte ich mich nicht auf. Bis plötzlich alle Leute aufstanden und den Wartesaal verließen. Da erschrak ich, und ich fragte einen italienischen Kollegen, was denn los sei. »Der Flug ist annulliert«, wir müssen zurück ins Hotel, antwortete er. Jetzt geriet ich in Panik: Meine Dolmetscherin weg, meine Lokalführerin weg, kein Bus, und niemand sprach Englisch! Meine Gruppe war erschöpft, trotzdem lachten sie mich aus, weil ich sehr blass geworden war, und schlugen vor, dass ich mich gar nicht erst um ein Hotel bemühen solle: »Lassen Sie uns doch gleich hier schlafen, die Stühle sind so bequem.« Aber das kam für mich nicht in Frage. Und wenn es der Ratten wegen gewesen wäre. Da meine Gruppenteilnehmer vor sich hindösten, hatten sie das Ungeziefer nicht bemerkt.

Was tun? Ich schnappte mir den chinesischen Direktor und sagte hastig: »Sie sind der Einzige, der mir helfen kann, Sie müssen mir helfen!« Es schien ihm ein bisschen lästig zu sein, aber er leitete eine Rettungsaktion in den Weg und entschwand dann ebenfalls. Lüxingshe, das staatliche Reisebüro, hatte zum Glück einen 24-Stunden-Notdienst, und so kümmerten sie sich um meine gestrandete Gruppe. Nach etwa einer Stunde kam ein uralter Bus angerattert, mit einer fast ebenso alten Chauffeuse, die keine Zähne mehr und bestimmt noch nie Touristen herumgefahren hatte. Aber das war um 22 Uhr nicht mehr wichtig. Endlos schien die Fahrt zu sein, und ich wunderte mich, wo wir unterkommen würden, wusste ich doch, wie prekär die Hotellage in Xian war. Zum Glück waren die Touristen in Shanghai jedoch auch steckengeblieben, und vermutlich sollten wir deren Betten erhalten. Endlich hielt die Fahrerin wortlos vor einem dieser unpersönlichen Gebäude und ließ uns aussteigen. Koffer hatten wir keine, ich hatte beschlossen, sie am Flughafen zu lassen. Plötzlich ergriff mich wieder eine meiner Ahnungen, und ich rannte los zur Rezeption, wo ich erstaunt empfangen wurde. Nein. Sie hatten kein einziges freies Bett. Ich zerrte den jungen Mann hinter seinem Tisch hervor und flehte ihn an, mit der alten Fahrerin zu reden, ihr zu sagen, dass sie warten müsse, bis die Situation geklärt sei. Die Leute trotteten todmüde zum Bus zurück, und mit

Hilfe des sehr netten jungen Mannes fanden wir heraus, wo man für uns ein Nachtlager reserviert hatte. Er erklärte der Fahrerin, wie sie dahin finden würde. Um Mitternacht kamen wir endlich an und sanken in unsere Betten.

Um vier Uhr war Tagwache, denn der Flug nach Shanghai war neu für sechs Uhr vorgesehen. Während des Frühstücks ließ ich mein Auge über die vielen Gruppen schweifen. Es waren mindestens deren vier, also ohne weiteres hundert Personen. Ich überlegte, ob wohl jemand daran gedacht hatte, genügend Busse für die Fahrt zum Flughafen zu organisieren. In der Zwischenzeit hatte ich ja gelernt, meinen Ahnungen nachzugeben. Ich ließ mein Frühstück stehen und begab mich auf den Parkplatz des Hotels. Dort stand ein einziger Bus. Jeder ist sich selbst der Nächste, dachte ich mir, ging zurück in den Speisesaal und bat meine Gruppenmitglieder, ihr Frühstück unauffällig, aber sofort zu beenden und möglichst ruhig (um nicht die Aufmerksamkeit der anderen zu erregen) zum Bus zu schlendern. Wir nahmen unsere Plätze ein und harrten der Dinge, die passieren mussten. Und in der Tat. Kurz nachdem wir in einen 30er Bus eingestiegen waren, erschien noch ein kleiner 21er Bus, und in diesen beiden Bussen wurden die hundert Leute zum Flughafen transportiert. Fragen Sie mich nicht, wie. Die einzigen, die einigermaßen atmen konnten, waren jene, die einen Fensterplatz ergattert hatten.

Natürlich war ich jetzt noch ungehaltener über meine Dolmetscherin: Dauernd war sie mir auf die Nerven gegangen, und in der einzigen Situation, in der ich sie gebraucht hätte, glänzte sie durch Abwesenheit.

Ich habe jedoch auch außergewöhnlich nette Erinnerungen an Dolmetscher beziehungsweise Lokalführer. Zu einem Zeitpunkt, als die Chinesen immer noch Grau/Blau/Weiß/Gelb/Rosa trugen und kaum noch eine von ihnen sich getraute, ihre Beine zu zeigen, wurde ich begleitet von einer ausgesprochen attraktiven Chinesin, die noch dazu hervorragend Französisch sprach. Etwas verschämt trug sie ein hübsches Kleid und eine sehr modische Frisur. Als sich die Damen meiner Gruppe in Shanghai auf die seidene Unterwäsche stürzten, beobachtete ich sie, wie sie etwas abseits stand und uns sehnsüchtig zuschaute. Für uns war die Unterwäsche sehr günstig, für sie war sie unerschwinglich. Ich wusste, dass sie gerade geheiratet hatte, und es war üblich, am Ende der Reise – die Chinesen durften damals noch kein Trinkgeld annehmen – den Begleitern ein Geschenk zu machen. Das war immer sehr schwierig, denn die Geschenke sollten sinnvoll, aber auch in einem vernünftigen Rahmen sein. Natürlich hätten sie am liebsten Fotoapparate, Radios und dergleichen geschenkt bekommen, aber diese Dinge lagen nicht im Rahmen unserer finanziellen Möglichkeiten. Unser Auftraggeber hatte jeweils für jeden Lokalführer beziehungsweise Dolmetscher eine kleine Summe bereitgestellt, die wir nach Gutdünken investieren durften. Für die Chinesen waren wir alle reich, erst als ich begann, meinen chinesischen Kollegen die Relationen von Einkommen und Lebenshaltungskosten in der Schweiz aufzuzeigen, sagte mir einer: »Das hat mir noch niemand erklärt, davon hatten wir ja keine

Ahnung.« Klar hielten sie uns alle für reich, denn damals betrug das monatliche Einkommen eines Chinesen durchschnittlich rund einhundert Schweizer Franken. Damit konnten sie sich gerade über Wasser halten, an Luxus war nicht zu denken.

Die sogenannten Freundschaftsläden, in denen wir damals Seide und Kaschmir kauften, waren für die Chinesen nicht zugänglich, und es war mir immer peinlich, wenn ich die neidischen Blicke unserer Begleiter sah, die uns zusahen, wie wir uns auf die hochwertige Ware stürzten und gierig einkauften, oft für ein Vielfaches dessen, was ein Chinese monatlich verdiente. In so einem Geschäft kaufte ich der bezaubernden Chinesin heimlich entzückende schwarze Seidenunterwäsche, trieb irgendwo eine Schachtel auf und eine Haarschleife (im damaligen China gab es keine Geschenkverpackungen), steckte einen Hundert-Yüan-Schein zwischen die Unterwäsche und sagte ihr am letzten Tag, dass sie das Paket erst öffnen dürfe, wenn sie allein sei, dass niemand anwesend sein dürfe. Ich hatte Bedenken, dass ihre Kollegen oder Kolleginnen sie verpfeifen würden, denn Lokalführer und -begleiter teilten ihre Zimmer immer mit jemandem; der Neid aber war allgegenwärtig.

Die Chinesen haben große Hemmungen, ihre Gefühle zu zeigen, speziell in der Öffentlichkeit. Aber anderntags stürmte die schöne Chinesin auf mich zu, umarmte mich, drückte mich an sich, und während ihr die Tränen über die Wangen kullerten, sagte sie, dass sie noch nie ein so schönes Geschenk bekommen habe.

Und apropos: Noch heute besitze ich einen Kaschmirpullover aus jener Zeit. Obwohl oft getragen und regelmäßig in der Maschine gewaschen, sieht er immer noch aus wie neu.

Ein anderer Dolmetscher, der mir in bester Erinnerung ist, hat mich auf einer großen Reise quer durch China begleitet. Die Reise war interessant, aber auch anstrengend, und einer unserer Gäste hatte sich dabei zweifelsohne übernommen. Es handelte sich dabei um einen älteren Herrn, groß gewachsen und weißhaarig. Der in Wien ansässige Ungar gehörte noch der alten Garde der »Küss die Hand, gnä' Frau«-Generation an. Er sprach Deutsch mit diesem entzückenden, fast theatralischen Akzent der Osteuropäer, den ich so gerne höre. Herr Z. schlief schlecht, weil er nicht mehr gut hörte und immer Angst hatte, die Abreise zu verpassen. (Leider erfuhr ich das erst im Spital.) Das belastete ihn derart, dass er Herzrhythmusstörungen bekam und ich, als diese anhielten, eine medizinische Untersuchung anordnete. Zum Glück waren wir in der Zwischenzeit bereits in Xian, wo eine gute medizinische Versorgung gewährleistet war. Wir brachten ihn ins dortige Militärspital, wo man ihn mit Verdacht auf Herzinfarkt auch gleich behielt. Da ich zwei hervorragende lokale Führer hatte – je einen für Französisch und einen für Deutsch –, war es nicht zwingend für mich, das Kulturprogramm mit der Gruppe zu absolvieren, und zusammen mit meinem jungen Dolmetscher besuchte ich Herrn Z. jeden Tag im Spital. Er hielt immer unsere Hände, und sobald wir uns jeweils verabschieden wollten, kamen ihm hundert Dinge in den Sinn, die er uns dringend erzählen musste. Es war klar, dass er unglücklich war in diesem Spital, und mit Tränen in den Augen flehte er mich an, ihn auf die Weiterreise mitzunehmen: »Ich will nicht sterben in diesem Land, in dem ich die Sprache der Menschen nicht verstehe und niemanden kenne.« Ich konnte ihn gut verstehen, deshalb verbrachten wir auch sehr viel Zeit mit ihm. Er wurde rund um die Uhr erstklassig betreut von zwei Ärzten, zwei Krankenschwestern und einer Dolmetscherin. Bei Touristen wollten sich die Chinesen keine Blöße geben (aber machen Sie sich keine Illusionen, wir bezahlten auch europäische Preise für die Behandlung). Eines Tages beklagte sich Herr Z., dass die Betreuer nicht zufrieden seien mit ihm, weil er nicht genug schlafe. »Und stellen Sie sich vor, endlich kann ich einschlafen, da weckt mich die Krankenschwester auf, um mir zu sagen, dass ich jetzt endlich schlafen müsse. Natürlich konnte ich nachher nicht mehr einschlafen.« Ich durfte meinen Gast nicht mitnehmen auf die Weiterreise. Herr Z. war trostlos, umso mehr, als es unser letzter Besuch war. Wir sollten den Zug Richtung Beijing nehmen. Er wollte uns nicht gehen lassen, umklammerte immer wieder unsere Hände und weinte. Ich riss mich mehrmals los, um im Gang allein zu weinen, ich wollte nicht, dass Herr Z. das sah, denn die Ärzte waren nicht sehr hoffnungsvoll, und ich fand es furchtbar, dass jemand fern von der Heimat und völlig allein sterben musste. Ich hatte ihn so gerne gemocht! Es war ein schwerer Abschied, aber er musste sein, unsere Gruppe wartete auf uns. Li und ich nahmen ein Taxi, und jetzt ließ ich meinen Tränen freien Lauf. »Bitte, bitte, weine nicht« bat Li, »sonst muss ich auch weinen.« »Lass uns zusammen weinen, Li, es ist besser, wenn wir hier weinen als vor der Gruppe.« Der Taxifahrer schaute immer wieder verstört in seinen Rückspiegel, er konnte sich wohl nicht vorstellen, warum eine Langnase und ein Chinese sich schluchzend in den Armen lagen.

Natürlich konnte ich das Weinen dann auch vor der Gruppe nicht verhindern, und auf dem Weg zum Bahnhof weinten wir alle zusammen.

Herr Z. wurde drei Tage später nach Beijing transportiert, und nach weiteren zehn Tagen entließen ihn die Ärzte, nicht gerade als gesunden Mann, aber reisefähig.

Emsige Sachbearbeiter und Sachbearbeiterinnen arbeiten wochenlang an den Vorbereitungen, um Gruppenreisen minutiös vorzubereiten, damit diese möglichst problemlos über die Bühne gehen und den Gästen einen optimalen Urlaub ermöglichen. Aber das Unvorhergesehene kann man nicht einplanen und so geschah es, dass eine …

Notlandung in Denver

unser Programm über den Haufen warf. Wir waren auf dem Weg von San Francisco nach Washington, via Atlanta. Die Maschine war überbucht, und so setzte man mich kurzerhand in die Erste Klasse, worüber ich mich natürlich freute. Meine Freude sollte allerdings nicht lange währen, denn kurz nach dem Frühstück meldete sich der Flugkapitän und fragte, ob ein Arzt an Bord sei. Nach weiteren zehn Minuten wurde die Filmleinwand wieder eingerollt, und wir setzten zu einem Landeanflug an. Als wir in Denver landeten, kündigte der Pilot uns an, dass wenige Minuten zuvor im Flugzeug ein Kind geboren worden sei. Mutter und Kind wurden in Wolldecken eingehüllt und draußen den bereits wartenden Presseleuten übergeben. Wir aber warteten. Und warteten. Wir warteten genau sechs Stunden. In der Zwischenzeit hatten wir unser (einziges) Anschlussflugzeug von Atlanta nach Washington verpasst, und ich wurde ziemlich ungehalten. Ich war wütend auf die Mutter, die so viele Leute in sehr schwierige Situationen gebracht hatte. Neben meiner Gruppe saßen nämlich vorwiegend Geschäftsleute im Flugzeug, die an Konferenzen oder Geschäftsbesprechungen hätten teilnehmen sollen und genauso ungehalten waren über unseren unvorhergesehenen Aufenthalt wie ich. Es stellte sich heraus, dass wir aufgrund der hohen Sommertemperaturen, der Höhe Denvers und unserer schweren Fracht wegen erst abends würden starten können. Das hatte man uns natürlich möglichst lange verschwiegen, man wollte die Gäste vermutlich vor vollendete Tatsachen stellen, aber ich war nicht einverstanden. Unser Aufenthalt in Washington war sowieso sehr knapp bemessen. Washington ist eine schöne Stadt mit grandiosen Museen und guten Restaurants. Die Fluggesellschaft weigerte sich vorerst, uns auf eine andere Fluglinie umzubuchen, die uns direkt nach Washington hätte bringen können. Aber ich ließ nicht locker, und letztlich gaben sie nach. Vermutlich ging ich ihnen so sehr auf die Nerven mit meiner Fragerei und Drängerei, dass sie ganz froh waren, mich loszuwerden. So fand ich auch heraus, dass die werdende und gewordene Mutter im zehnten Monat schwanger gewesen war, dass sie aber bereits seit vier Tagen auf der Reise gewesen sei. Als Ehefrau eines US-Soldaten waren sie und ihre Familie vom Ausbruch des Vulkans Mount Pinatubo auf den Philippinen bedroht gewesen und in der Folge evakuiert worden. Sie hatte gehofft, die Heimreise nach Atlanta noch vor der Geburt ihres Kindes zu schaffen. Sie konnte natürlich nichts dafür, hätte ihr Kind vielleicht auch lieber nicht vor den Augen meiner beiden 21-jährigen Benjamins der Gruppe geboren. Die beiden mussten sich anschließend übergeben und schworen, nie wieder zusammen mit einer schwangeren Frau in ein Flugzeug zu steigen. Darüber mochten wir dann wieder herzlich lachen!

Auf mein Drängen hin wurden wir endlich – widerwillig – auf eine andere Fluglinie umgebucht. Neu sollten wir direkt nach Baltimore fliegen. Die größte Stadt im US-Bundesstaat Maryland liegt rund 64 Kilometer nördlich von Washington. Mit unserem ursprünglichen Flug wären wir mehr oder weniger direkt in der Regierungshauptstadt gelandet.

Als wir uns bereits in die Schlange gestellt hatten, um das Flugzeug zu besteigen, nahm ein betreten aussehender Angestellter das Mikrophon zur Hand und teilte uns mit, dass wir aus technischen Gründen verspätet abfliegen würden. Nun begann meine Gruppe zu murren, und ich fand die ganze Angelegenheit auch nicht gerade witzig: Was noch? Das Busunternehmen, mit dem wir einen Vertrag hatten, hatte mir bereits mitgeteilt, dass uns nach Mitternacht kein Bus mehr am Flughafen abholen würde.

Meine unbezwingbare Neugierde stachelte mich wieder an, und ich wollte unbedingt den Grund für unsere neuerliche Verspätung herausfinden. Verschämt gestand mir der junge Mann, dass die Flugmannschaft im Flugzeuginneren einen Käfer entdeckt habe (immerhin besser als eine Maus!). Aufgrund der strengen hygienischen Auflagen musste das ganze Catering ausgeladen und das Flugzeug geputzt und desinfiziert werden, dann erst konnte es endlich losgehen. Obwohl wir die Nase ziemlich voll hatten von der Warterei, brachten wir es doch immer wieder fertig, über diese unerwarteten Vorkommnisse zu lachen.

Stretch-Limousinen brachten meine müde Schar um ein Uhr früh von Baltimore nach Washington. Die eleganten, mit dunklen Fenstern ausgerüsteten Autos trösteten die Gruppe ein bisschen, assoziiert man doch diese Limousinen immer mit wichtigen Leuten oder gar Stars, gelegentlich wohl auch mit der Mafia. Auf jeden Fall hält man sich in so einer Limousine für wichtig. An der Rezeption des Hotels empfing uns das Personal ganz aufgeregt: »WAS, Ihr wart im Ba-

by-Bomber?« Fernsehen und Radio hatten die Neu-
igkeit stündlich ausgestrahlt. Die betroffene Fluglinie habe den durch diese Episode erlittenen Verlust
leicht durch Gratisreklame wettgemacht – so jedenfalls hatte mir das die neben mir im Flugzeug sitzende
Ehefrau eines Flugliniendirektors vorgerechnet.
Wir halten die Amerikaner gerne für unkompliziert.
Das kann ich nur bedingt bestätigen. Aber Ausnahmen bestätigen das Klischee.

Lob der Unkompliziertheit

Die USA sind natürlich immer eine Geschichte wert, speziell auch New York. Jeder, der New York kennt, weiß, dass diese Stadt außergewöhnlich ist. Es ist eine große Stadt, die tatsächlich nie schläft. Und doch hat man den Eindruck, dass jedes Viertel wie ein Dorf ist. Das hat mich immer sehr beeindruckt. In den unzähligen kleinen Läden kaufen die New Yorker ein, versorgen sich mit Lebensmitteln und allem, was zum täglichen Leben notwendig ist und: Man kennt sich. Es soll Leute geben, die ihr Viertel nie verlassen – weil es nicht notwendig ist.

Nirgendwo sonst in der Welt könnte ich mir vorstellen, von einem öffentlichen Bus privat nach Hause beziehungsweise ins Hotel gefahren zu werden. In New York ist es mir passiert. Ich fuhr mit dem JFK-Flughafenbus nach Manhattan zurück, um damit meine Taxiausgaben ein bisschen schlank zu halten, und wartete an einer Bushaltestelle auf eine Querverbindung zu meinem Hotel. Ich hielt wahllos einen leeren Bus an, und der junge schwarze Fahrer antwortete auf meine Frage: »Nein, das ist nicht meine Route, aber ich bin noch nicht im Dienst und habe noch etwas Zeit. Steigen Sie ein, ich bringe Sie in Ihr Hotel.« Und so geschah es. Ich war natürlich begeistert. Nicht einmal ein Trinkgeld wollte er annehmen. Deshalb möchte ich ihm an dieser Stelle ein Kränzchen winden.

Ebenfalls unkompliziert hat sich der Manager eines großen Hotels in New York verhalten. Ich bin ihm heute noch dankbar, denn mein Aufenthalt im Big Apple begann reichlich chaotisch.

Turbulenter Auftakt

In einem früheren Kapitel erwähnte ich überbuchte Hotels. Solche Situationen widerfuhren mir jedoch nicht nur in Ländern, die noch nicht bereit waren für den Massentourismus. In den Neunzigerjahren flog ich über Silvester mit 78 Personen nach New York. Ein kleiner Teil der Gruppe hatte das legendäre Waldorf-Astoria gebucht, wir anderen sollten im Hotel Marriott Marquis, mitten im Theaterdistrikt, untergebracht werden. Doch als wir dort, müde nach dem langen Flug und dem Transfer in die Stadt, unsere Zimmer beziehen wollten, eröffnete mir der verantwortliche Manager, dass das Hotel eine Computerpanne hatte und die Zimmer mindestens vorläufig nicht zugeteilt werden konnten. Meine Gäste waren auch hier sehr geduldig. Aber nach mehreren Stunden Wartezeit war mir klar, dass keine Lösung in Sicht war. Ich wusste in der Zwischenzeit, dass wohl genügend Zimmer frei waren beziehungsweise gewesen wären, aber da das Computersystem zusammengebrochen war, wusste kein Mensch, welche Zimmer im 49-stöckigen Hotel mit nahezu zweitausend Zimmern zur Verfügung standen. Der Manager ließ sich in der Zwischenzeit nicht mehr blicken, er schämte sich wohl. Ich drang bis in sein Büro vor – die Angestellten getrauten sich nicht, mich zurückzuhalten. Er war verzweifelt, und ich verstand das. Ich erklärte ihm, dass ich meine Gruppe nicht länger hinhalten konnte, und schlug ihm vor, uns alle im Waldorf-Astoria unterzubringen – dort, wo meine anderen Gäste logierten. Ich fand mich verwegen. Das Waldorf-Astoria war wesentlich teurer als das Marriott Marquis. Aber es dauerte genau zehn Minuten, und ich hatte alle Zimmer, die ich brauchte: Der Manager war sofort bereit, alle zusätzlichen Kosten zu übernehmen. Nur ein einziges Ehepaar war nicht glücklich über die Lösung. Sie wären lieber im Marriott Marquis untergekommen. Ich aber hatte ein wunderbares Eckzimmer und war überglücklich, nicht nur über die letztlich problemlose und rasche Einigung, sondern auch, weil ich schon lange davon geträumt hatte, in diesem Hotel zu nächtigen. Nachdem das Marriott Hotel sein Chaos aufgeräumt hatte, mussten wir natürlich dorthin umziehen, aber etliche Gäste waren in der Zwischenzeit bereit, den Aufpreis für das historische Waldorf-Astoria zu bezahlen, und so zog ich mit einer stark verkleinerten Gruppe zurück ins Marriott Marquis.

Mit überbuchten Hotels hatte ich es immer wieder zu tun. Aber mindestens ebenso schlimm ist es, wenn man feststellt, dass man …

Im falschen Flughafen

angekommen ist. Eine Stunde vor Abflug festzustellen, dass man mit 30 Gästen zum falschen Flughafen gebracht wurde, macht einen auch ziemlich nervös. In Athen setzte mich der Chauffeur, der nur griechisch sprach, am nationalen statt am internationalen Flughafen ab. Als ich den Irrtum entdeckte, war er im Begriff loszufahren, und ich konnte ihn im letzten Moment anhalten. Nicht auszudenken, was passiert wäre, wenn ich keinen Bus mehr gehabt hätte für den Transport zum richtigen Flughafen. Ähnlich in New York: Ich sollte von New York nach Chicago fliegen. Inneramerikanische Flüge heben entweder vom La-Guardia- oder vom Newark-Airport ab. Wir arbeiteten stets mit demselben Busunternehmen, die Fahrer waren alle sehr zuverlässig. Daher versäumte ich es sicherzustellen, dass der Fahrer den richtigen Flughafen anfuhr. Ich achtete nicht auf die Strecke, denn ich benutzte die Zeit des Transfers, um meinen Gästen Informationen über das bevorstehende Programm zu vermitteln, und achtete nicht auf die Umgebung. Dann: alle Koffer ausgeladen, Bus abgefahren, falscher Flughafen. Mein Herzschlag setzte kurz aus, denn der Transfer zum richtigen Flughafen war zeitlich nicht mehr zu schaffen – weder mit noch ohne Bus. Die Flughafenangestellten jedoch lächelten freundlich und sagten: »Entspannen Sie sich, das kriegen wir hin. Wir können euch zwar nicht alle mit demselben Flugzeug nach Chicago schicken, weil wir nicht genügend freie Plätze haben, aber wir haben zwei Flüge nach Chicago binnen kürzester Zeit, und

Ihr kommt mit einer halben Stunde Zeitunterschied an«. So schickte ich die erste Gruppe los, während ich bei der zweiten Gruppe blieb, um sicherzustellen, dass nicht noch etwas schief gehen würde. Ob die Gruppe gemerkt hat, dass nicht alles nach Plan lief? Ich denke nicht.

Ziemlich aufregend war auch, was mir in einem der bekanntesten Nationalparks Kaliforniens passierte.

Wildwest im Yosemite-Park

Weniger witzig ist, was mir im Yosemite-Park zuge-
stoßen ist. Und stolz darauf bin ich auch nicht, aber
ich will die Geschichte trotzdem erzählen. Ich hatte
eben mit einer Gruppe eine Reise durch den Westen
der USA begonnen, und der erste Kontakt mit der
grandiosen Natur in diesem Teil der Welt war der Yosemite-Park, östlich von San Francisco. Selbstverständlich musste der berühmte Bridal Veil (Brautschleier),
ein Wasserfall, mit den Kameras festgehalten werden,
und so verließen alle Gruppenteilnehmer den Bus.
Ich hatte ihnen versprochen, dass ihre Wertsachen,
Pässe, Flugscheine und das Geld im Bus sicher seien,
und sie waren daher alle nur mit der Kamera ausge-
stiegen. Normalerweise schließen die Fahrer den Bus
ab oder bleiben drinnen sitzen – aus Sicherheitsgrün-
den. Als ich jedoch sah, dass sich Matt, mein Fahrer,
kommentarlos entfernte, blieb ich zur Überwachung
selbst sitzen. Als Matt zurückkam, sagte ich ihm,
dass ich ein dringendes Telefongespräch zu erledigen hätte und nahm automatisch an, dass er das als
Aufforderung zur Busüberwachung verstehen würde.
Es gibt Dinge, über die man nach so viel Jahren im
Tourismus glaubt, nicht mehr sprechen zu müssen.
Ich erledigte also mein Telefongespräch in einer Telefonkabine, die nur gerade ein paar Meter vom Bus
entfernt war, und als ich fünf Minuten später wieder in den Bus einstieg, stand eine fremde Frau mit
Kind im hinteren Teil des Busses und bediente sich
an unserer eingebauten Bar. Ich stand unter Schock,
denn ich allein hatte zehntausend US-Dollar auf dem

Sitz liegen, neben diversen Kreditkarten und Ausweisen. Augenblicklich kam mir meine gute Kinderstube abhanden, und ich schrie sie an: »What are you doing in a private bus?« Seelenruhig drehte sich die junge Frau um, lachte mich an und sagte: »Das sehen Sie ja!« Mein Zorn war vielleicht unverhältnismäßig, aber ich fühlte mich für die Wertsachen im Bus verantwortlich und hatte kurz das Gefühl, meine Verantwortung vernachlässigt zu haben. Dass der Eindringling so frech reagierte, ließ mich die Nerven verlieren, ich ging auf sie zu und schrie »Get the f… out of here.« Da lachte sie noch hämischer, schmiss sich in Pose, blies ihre Backen auf und kam mir mit durchgestrecktem Rücken entgegen. Ich war überzeugt, dass sie mich anspucken wollte und sah rot. *Die* spuckt mich nicht an, dachte ich, holte aus und knallte ihr eine Ohrfeige. Sie war nicht langsam und schlug sofort zurück. Ich halte mich eigentlich für sehr beherrscht, aber in diesem Moment war ich so außer mir vor Wut, dass mir später, als ich die Szene wieder und wieder vor meinem inneren Auge abrollen ließ, klar wurde, was eine Affekthandlung ist, und weshalb Leute in bestimmten Situationen sogar zu … Mördern werden können.

Ich hatte gerade eine Haar- und Nagelkur hinter mir und sehr lange und starke Fingernägel. Die krallte ich nun in ihren Arm (eine Art, Wut herauszulassen, ohne allzu gewalttätig zu werden), und als sie sich losriss, hatte ich natürlich Hautfetzen unter den Nägeln. Da stürzten ihre Schwester und ihr Mann auf mich zu. Ihre Schwester hämmerte mit den Fäusten auf mich ein, ihr Mann kam ebenfalls mit erhobenen Fäusten auf mich zu, besann sich aber im letzten Moment eines Besseren. Wir schrien und kreischten alle, und meine Gruppe, die in der Zwischenzeit zurückgekommen war, traute ihren Augen nicht. Etwas unbedacht schrie ich nach der Polizei – und brachte dabei den Ehemann der Frau auf eine Idee. Er rief sofort aus »meiner« Telefonkabine die Polizei an und verbot Matt, meinem Fahrer, den Bus zu bewegen.

In der Zwischenzeit hatte ich mich beruhigt und ahnte die möglichen Folgen dieses Zwischenfalls. Die Polizei kam relativ rasch, die beiden Beamten blieben jedoch rund hundert Meter vor meinem Bus breitbeinig stehen, Hände schussbereit auf ihren Waffen, und riefen mir zu, dass ich alle meine Waffen zu Boden werfen solle. Ich kam mir vor wie in einem schlechten Film und erhob meine Arme. Erst später wurde mir klar, dass ich wegen Körperverletzung angeklagt worden war! Meine Kampfpartnerin und ihr Mann beharrten drauf, dass ich sofort verhaftet und dem Gericht überstellt werde, aber zum Glück hatte ich es mit vernünftigen Polizisten zu tun, die mich gehen ließen, nachdem ich ein schriftliches Dokument abgeliefert hatte mit meinen Adressen in der Schweiz und in den USA. Die Staatsanwaltschaft werde sich mit mir in Verbindung setzen, hieß es, allerdings glaubten die Polizisten nicht, dass es schnell gehen würde, gebe es doch weit wesentlichere kriminelle Akten zu bearbeiten am Gericht des Yosemite Parks (Ja, der Yosemite-Park hat ein Gericht, wer hätte sich sowas vorstellen können!)

Unnötig zu erwähnen, dass ich mich vor meiner Gruppe ziemlich schämte und alles daran setzte, mein Image wieder aufzupolieren. Tatsache ist, dass ich in der darauffolgenden Nacht kaum noch schlafen konnte. Am Morgen war mein linker Arm gelähmt. Die USA haben ja für europäische Begriffe ziemlich eigenartige Auffassungen von Gerichtsbarkeit, und ich war keineswegs erpicht darauf, diese Rechtsprechung am eigenen Leibe zu erfahren. Ich kannte auch die Vorliebe der Amerikaner, sich über Prozesse zu sanieren. Nun war bei mir zwar nicht allzu viel zu holen, aber jeder Dollar hätte mich für diese dumme Geschichte gereut. Außerdem, und das wog schwer, machte ich mir Sorgen darüber, dass ich nicht nur meinen Arbeitgeber, sondern auch meine Kollegen in eine schwierige Situation bringen würde: Unser Arbeitsgenehmigungsstatus war nicht immer klar gewesen, und jedes Jahr musste er neu ausgehandelt werden. Ich war nicht auf dem neuesten Stand der Nachrichten, ich trug in diesem Jahr nicht wie üblich eine Art Dokument auf mir, das meinen legalen Arbeitsstatus auswies. So kam mir der plötzliche Verdacht, ich könnte illegal arbeiten. Nicht auszudenken, was alles passieren konnte: Gerichtsverhandlung, Arbeitsplatzverlust. Vielleicht würde ich nie mehr in die USA einreisen können … das konnte und wollte ich mir einfach nicht vorstellen …

Zurück in San Francisco, schickte mich meine amerikanische Freundin sofort zum »besten« Chiropraktiker der Stadt. Der nahm mich buchstäblich in die Zange, knetete mich durch, setzte sich dann ernst vor mich hin und fragte, ob ich ein Problem hätte, er könne sich nichts anderes vorstellen, weil meine Beschwerden eindeutig psychosomatischer Natur seien.

Ich schleppte mich noch drei Monate lang mit einem gelähmten Arm von Chiropraktiker zu Chiropraktiker, bis mir mein Schwager und Therapeut den Rat gab, die Geschichte meinem Arbeitgeber zu erzählen. Das leuchtete mir ein, ich ging hin und beichtete. Ich sehe sie heute noch alle lachen über eine aus dem Rahmen fallende Geschichte, und fröhlich bestätigten sie mir, dass wir alle legal arbeiteten in den USA. Von jener Stunde an wurden meine Schmerzen weniger, und nach ein paar Tagen war die Lähmung in meinem Arm verschwunden.

Anlässlich der 700-Jahr-Feier der Eidgenossenschaft belehrte uns ein versehrter Vietnam-Veteran darüber, was Patriotismus ist. Auch das eine nachdenklich stimmende Geschichte:

Nationalstolz

Hin und wieder finde ich es arrogant, manchmal bloß naiv. Gelegentlich geht es mir auf die Nerven, oft kann ich darüber lachen – über die Vorliebe der Amerikaner, Superlative zu verwenden. Meine nächste Geschichte hat im weitesten Sinne damit zu tun, und ich überlasse es der Leserin und dem Leser, erschüttert, fassungslos oder auch nur erstaunt zu sein. Nach einer Reise durch die majestätischen Nationalparks im Westen der USA waren wir im Begriff, unseren Aufenthalt in San Francisco zu beenden. Eine fünfstündige Stadtrundfahrt stand an, und ich war mit dem Fahrer eine Viertelstunde vor Abfahrt verabredet, um die Route zu besprechen. Pünktlich fuhr der Bus vor, und der Fahrer stieg aus. Mein Morgengruß blieb mir fast im Hals stecken, als ich das Gesicht des etwa vierzigjährigen Fahrers sah: Er trug eine riesige Sonnenbrille, zweifelsohne, um das verunstaltete Gesicht zu verdecken. Ich schluckte und suchte meinen Schrecken zu verstecken. Wir besprachen die Route, und bedauernd stellte ich für mich fest, dass Bob sehr unfreundlich war, meine Fragen nur mit kurzen »Yes« und »No« beantwortete. Das war unüblich für einen amerikanischen Busfahrer. Diese Berufsgattung verrichtet ihre Arbeit normalerweise viel fröhlicher als viele ihrer europäischen Berufskollegen. Mit etwas mehr Berufsstolz vielleicht auch. Wir hatten auf der Nationalpark-Route einen wunderbaren Fahrer gehabt und waren zu einer richtigen Familie geworden. Jedes Mitglied einer Reise – zahlend oder dienstleistend – trägt zum Gelingen einer Reise bei, und ich hätte gerne einen netten Fahrer gehabt für unseren letzten Ausflug. Anlässlich unseres ersten Fotohalts beschloss ich intuitiv, Bob nach der Ursache seines verunstalteten Gesichtes zu fragen. Ich kann nicht so tun, als ob ich es nicht gesehen hätte, dachte ich mir, also kann ich ebenso gut fragen. Während die Gruppe die berühmten viktorianischen Häuser fotografierte, fragte ich ihn also. Die Reaktion war umwerfend. Bob drehte sich zu mir um, nahm langsam seine riesige Brille ab, um mir das Ausmaß seiner Entstellung zu zeigen, schaute mir dabei zum ersten Mal in die Augen und sagte: »Ich danke dir, dass du mich danach fragst. Ich sehe doch, wie meine Deformation die Leute schockt. Aber niemand getraut sich, mich nach dem Grund zu fragen.« Er machte eine Pause und erzählte mir dann, dass er sich mit 18 Jahren freiwillig für den Kriegsdienst in Vietnam gemeldet habe und dort ein Opfer von Napalm-Gas geworden sei. Bob wurde sein eigenes Opfer! Unzählige plastische Operationen habe er schon hinter sich, und in der Psychiatrie werde er als abschreckendes Mittel eingesetzt für pyromanisch veranlagte Kinder.

Bobs Verhalten hatte sich schlagartig verändert. Plötzlich war er ausgesprochen freundlich und gesprächig, und am Schluss der Stadtrundfahrt wusste ich, wieviel er verdiente, dass er mit einem »Model« verheiratet und Vater eines Kindes war, dass er drei verschiedene Jobs hatte, um einen aufwändigen Lebensstandard zu finanzieren, und vieles andere mehr. Bobs Geschichte erschütterte mich tief. Dies vielleicht umso mehr, als ich in den Jahren 1969 und 1970 selbst an diversen Vietnamprotestkundgebungen in den USA mitmarschiert war und mich gut erinnerte, wie meine amerikanischen Freunde nächtelange darüber diskutierten, wie man sich am besten davor drücken konnte, »gedraftet« (eingezogen) zu werden. Die Vietnamsoldaten wurden entweder durch das Los ausgewählt oder sie meldeten sich wie Bob freiwillig. Es gab natürlich Tricks, dank derer man dem Los ausweichen konnte, etwa indem man sich von einem Psychiater für unzurechnungsfähig erklären ließ, nach Europa fuhr zum Studium oder aber seine Freundin oder Frau schwängerte.

Bob hatte einen durchtrainierten, gut gewachsenen Körper, und der unversehrte Teil seines Gesichts ließ erahnen, dass er ein attraktiver Mann gewesen sein dürfte. Ich fragte ihn, ob ich seine Geschichte meiner Gruppe erzählen dürfe. »Selbstverständlich«, antwortete er.

Unter den Gruppenmitgliedern befand sich auch ein Schweizer Militärrichter, den die Geschichte nicht losließ und der jede Gelegenheit beim Schopf packte, um sich mit Bob zu unterhalten. Ob er nicht verbittert sei darüber, dass er seine Jugend und sein Gesicht einem Krieg geopfert habe, der in der Bevölkerung nicht einmal gutgeheißen worden sei, heute weniger denn je?

Bob sah den Fragesteller fast empört an und antwortete: »Wie käme ich dazu, verbittert zu sein? Ich habe mich schließlich in den Dienst des besten und großartigsten Landes der Welt gestellt und bin stolz darauf!« Diese Geschichte trug sich 1991 zu, in dem Jahr, als die Schweiz ihr 700-Jahre-Jubiläum feierte. Die Feier stieß damals nicht überall auf Begeisterung, und der Militärrichter nahm die Geschichte Bobs am darauffolgenden Abend zum Anlass einer Abschiedsrede. Er erzählte uns von der obenerwähnten Unterhaltung und forderte uns zu mehr Nationalstolz auf.

Die Tücken der Moderne

Sommer in Kalifornien, Los Angeles, Hollywood. Da darf ein Besuch in den berühmten Universal Studios nicht fehlen. Aus der Not hat man vor Jahren eine Tugend gemacht. Zu einem Zeitpunkt, als es den Universal Studios finanziell nicht sonderlich gut ging, erkannte man das Potenzial der Touristen und begann, interessierte Besucher durch die Studios zu kutschieren – zwecks zusätzlicher Einnahmen, die heute, so habe ich mir erzählen lassen, die Einnahmen von Filmen übersteigen.

Die Touren sind erstklassig organisiert, und ein Besuch dort ist jedes Mal ein Erlebnis, auch weil man ein bisschen hinter die Kulissen sieht. Wer ahnt denn schon, wie viele Tricks im Filmwesen angewendet werden? Über diese Tricks erfährt der Besucher etwas mehr in den so genannten Special Effects Studios. In diesen Studios befand sich meine Gruppe, während ich Hotel-, Restaurant- und Busbuchungen rückbestätigte. Den Rest der Zeit verbrachte ich damit, Pseudo-Stars wie die Kopien von Marilyn Monroe, Cary Grant und ihresgleichen zu beobachten. Dafür werden arbeitslose Schauspieler eingesetzt, entsprechend geschminkt und aufgetakelt, und es ist immer sehr amüsant, die Reaktionen der Studiobesucher zu beobachten. Ich trug einen etwas auffälligen Hut, der mit künstlichen Blumen geschmückt war. Ich mag Hüte einerseits, und andererseits schützen sie mich vor der Sonne. Da erschien ein jüngeres Schweizer Ehepaar mit zwei Kindern, die etwa fünf und sieben Jahre alt waren. Der (jüngere) Bub schaute sich staunend Marilyn Monroe an, zupfte seinen Vater am Ärmel und sagte: »Schau dir die komische Frau hier an, Papi.« Alle vier Familienmitglieder sahen sich den Star mit offenen Mündern an, und ich sagte von hinten auf Schweizerdeutsch: »Das ist Marilyn Monroe.« Alle vier drehten sich gleichzeitig um und begutachteten zuerst mich, dann »Cary Grant«, der – ebenfalls lächelnd – neben mir stand, und wollten wissen, wer denn »er« sei. »Das ist Cary Grant« erwiderte ich, worauf der kleine Junge bewundernd sagte: »Sie wissen aber auch alles!« »Alles weiß ich nicht, aber vieles weiß ich«, gab ich belustigt zurück. In der Zwischenzeit hatte mich der Vater nachdenklich und gründlich gemustert und fragte dann bedächtig: »Und SIE, sind Sie echt?« Nun war es an mir, mit offenem Mund zu staunen und ziemlich verblüfft platzte ich heraus: »Ich? Ja, natürlich bin ich echt, warum sollte ich nicht echt sein?« Darauf zuckte er mit den Schultern und antwortete: »Ja, wissen Sie, in diesen Studios ist doch alles computergesteuert, und da würde es mich nicht wundern, wenn auch Sie eine ferngesteuerte Erfindung wären.« Sprach's und ließ mich perplex und sprachlos stehen …

Das Kreuz mit der Sprache

Michael war ein Busfahrer aus New York. Er fuhr
mich mit meiner Gruppe von New York hinauf nach
Kanada und war total begeistert über seinen Einsatz,
weil wir überall in schönen Hotels untergebracht waren und er in denselben Häusern übernachten durfte.
Wenn die Reiseagentur nicht aufkommen will für die
Übernachtungskosten der Fahrer, müssen diese sich
selbst eine günstige Bleibe suchen.

Als Amerikaner beherrschte er zwar nur seine engli-
sche Muttersprache, aber das tat seiner Freude über
die herrliche Herbstreise durch Französisch-Kanada
keinen Abbruch. Folgende Geschichte erzählte er mir
lachend, und ich gebe zu, ich lachte Tränen.

An einem schönen Abend in Montréal klopfte ein
Zimmermädchen an seine Tür und fragte höflich:
»May I turn down your bed?« Michael war bass erstaunt. So etwas war er noch nie gefragt worden in
einem Hotel. Turn down my bed?, habe er sich gefragt. Aber mein Bett ist doch nicht speziell hoch,
warum will sie das herunterdrehen? Das ist ja wie in
einem Spital! Verunsichert hob er den Bettüberwurf
hoch und überlegte weiter: Es sind ja gar keine Räder an meinem Bett, wie will die das denn machen?
Er untersuchte sein Bett, während ihn ein erstauntes
Zimmermädchen dabei beobachtete. Plötzlich fiel
ihm ein, dass er in Montréal war, einer Stadt, in der
man Französisch sprach. Sicher hatte das Zimmermädchen Französisch gesprochen, und das hatte er
ja gar nicht verstehen können. Erleichtert und treu-
herzig, gleichzeitig entschuldigend, sagte er: »Wissen

Sie, ich kann halt kein Französisch.« Das Zimmermädchen zuckte mit den Schultern und entgegnete, dass sie ja auch kein Französisch könne ... worauf Michael beschloss, der Sache ihren rätselhaften Lauf zu lassen. Er trat in den Hintergrund, um das Mädchen an sein Bett heranzulassen. Groß war dann sein Erstaunen, als er sah, dass sich dieses »turn down« nur auf die Bettdecke bezogen hatte!

Im Outback Australiens beschäftigten uns hingegen keine Gepflogenheiten, die in Fünfsternhotels herrschen, sondern ... Spinnen.

Wie definiert sich ein Mann?

Es war in der Halbwüste Australiens. Wir schliefen in einer Art Ranch, sehr urtümlich, sehr typisch. Ich hatte mich um 23 Uhr gerade hingelegt, als es plötzlich an der Tür klopfte. »Wer ist da?«, fragte ich erstaunt. »Molly«, sagte die Stimme. »Ich muss mit Ihnen reden.«
»Ich bin schon ausgezogen. Kann es nicht bis morgen warten?«
»Nein. Kann ich bei Ihnen schlafen?« Auf diese Frage war ich nicht gefasst. Vor Schreck stand ich gleich auf. Immerhin handelte es sich bei Molly um einen jungen Mann. Ich zog meinen Bademantel an und öffnete die Tür. Molly stand ziemlich verstört da und erklärte mir, dass er nicht allein schlafen könne, weil er … eine Spinne entdeckt habe. Nun habe ich ja einschlägige Erfahrungen mit Mäusen und Ratten und habe Verständnis für Phobien. Spinnen machen mir überhaupt nichts aus, aber der geneigte Leser wird mir sagen, dass Mäuse einen genauso wenig auffressen können wie Spinnen, und mit dieser Argumentation gebe ich mich geschlagen.
»Kein Problem Molly, ich organisiere Ihnen ein neues Zimmer.«
»Das geht nicht. Meine Phobie ist so groß, dass ich überzeugt bin, dass auch im neuen Zimmer Spinnen hausen.«
»Ich habe einen Insektenvertilger hier, wir sprayen das Zimmer, ist alles kein Problem.« Molly war zunehmend verzweifelt: »Sie verstehen mich nicht. Ich kann nicht allein schlafen heute Nacht.«
Da war guter Rat teuer. Der einzige alleinstehende

Herr in der Gruppe war ein älterer Welschschweizer, von dem ich annehmen musste, dass er schon schlief. Molly war Engländer, es gab also auch keine Sprachverbindung zwischen den beiden, und irgendwie schien mir das keine gute Lösung zu sein. Da fiel mir Jim ein, unser Fahrer, der war nur wenig älter, ein fröhlicher Engländer wie Molly, er hatte bestimmt nichts dagegen, wenn ich ihm den jungen Mann ins Zimmer steckte. Jim und ein Kumpan tranken Bier in der improvisierten Ranch-Bar, und ich näherte mich ihm mit meinem Anliegen. Molly war draußen geblieben.

»Du willst mich wohl auf den Arm nehmen?« sagte Jim ungläubig, und als ich verneinte, brüllten die beiden Männer so laut los vor Lachen, dass ich nicht nur Mitleid hatte mit Molly, sondern außerdem Befürchtungen, dass sie alle unsere Gäste aufwecken würden mit ihrem Gelächter. Jim schüttelte sich, prustete und sagte: »Ich denke nicht daran, mit einem Mann das Zimmer zu teilen, der Angst hat vor Spinnen. Such dir eine andere Lösung.« Es war nicht möglich, ihn umzustimmen.

Betreten ging ich zu Molly zurück und versuchte, ihm die Absage schonend beizubringen. Bedrückt saß er auf der Bank und seufzte, dass er die Nacht wohl im Freien verbringen müsse, weil es ausgeschlossen sei, dass er allein in einem Zimmer schlafen könne.

»Könnte ich denn nicht bei Dan und Mike schlafen?« fragte er plötzlich hoffnungsvoll. Dan und Mike waren ein männliches Paar, ebenfalls Engländer, sehr sympathisch, doch sie schliefen offensichtlich bereits, da war kein Licht mehr in ihrer Baracke. Ich konnte mich einfach nicht durchringen, sie zu wecken und mit diesem eigenartigen Ansinnen an sie zu gelangen. »Da müssen Sie selbst fragen, Molly, das kann ich nicht tun.« Fröhlich, geradezu erleichtert klopfte Molly die beiden aus dem Schlaf, ich beobachtete die Situation aus der Ferne. Sie zogen sich in ihr Zimmer zurück, um die Sachlage zu erörtern. Kurz darauf versprachen sie ihn zu beherbergen, unter der Voraussetzung, dass er seine eigene Matratze bringe und am Boden schlafe. Frohlockend wie ein Kind holte sich Molly seine Matratze, und anderntags, als wir alle aus unseren kleinen Unterkünften traten, sahen wir Molly am Schwimmbad vorbeitrotten, unter einem Arm die Matratze, unter dem anderen sein Kopfkissen. »Ich erzähle die Geschichte am liebsten selbst, damit die Leute nicht hinter meinem Rücken lachen«, sagte er gutgelaunt und lachte mit der Gruppe am lautesten über sich selbst. Der schöne Dan aber raunte mir zu: »Sehen Sie, eine Tätowierung macht noch keinen Mann aus!« (Molly war stark tätowiert).

Ebenfalls von Australien handelt mein nächstes Erlebnis. Es ist die Geschichte von … nennen wir sie …

Madame Godefroy

Die Zeit wurde langsam knapp. Es blieben nur noch dreißig Minuten bis zum Abflug von Frankfurt nach Singapur. Wo die Dame aus Paris bloß sein mochte? Ein Herr aus meiner Gruppe, ebenfalls aus Paris, näherte sich mir und fragte, ob ich noch jemanden erwartete. Ich bejahte, und er sagte mit einem seltsamen Lächeln: »Da werden Sie wohl noch ein bisschen warten müssen. Die Dame ist SEHR langsam und scheint nicht allzu fit zu sein für unsere Reise.« Der Albtraum jedes Reiseleiters. Aber vielleicht hatte er ja übertrieben. Ich hoffte es innig.

»Frau Gassmann wird dringend im Terminal A an der Information erwartet«, schallte es plötzlich aus der Lautsprecheranlage. Terminal A? Ich bat die Chefin von Qantas, keinesfalls ohne mich wegzufliegen, und rannte los durch endlose Gänge, Treppen hinauf und Treppen hinunter, durch die Zollkontrolle, was noch mehr Zeit kostete. Ich konnte mir nicht vorstellen, warum man mich im Terminal A brauchte. Dort wandte ich mich an die zuständige Flughafenangestellte, und mit ebenso maliziösem Lächeln wie vorhin Monsieur Paris führte sie mich zu Madame Godefroy. Madame Godefroy war eine über neunzigjährige, leicht verwirrte Dame, die kaum mehr gehen konnte. Obwohl ihr Koffer nach Singapur durchetikettiert worden war, hatte sie insistiert, dass man ihn in der Zollhalle holte und ihr aushändigte. Natürlich hätte sie nicht durch den Zoll zu gehen brauchen, sie war ja nur im Transit vorgesehen. Der Gruppentreffpunkt war am Abflugschalter in Frankfurt, für alle

Teilnehmer, aber das hatte sie vergessen.

Wir hatten keine Zeit zu verlieren, in zehn Minuten sollte unsere Maschine starten. Verspätung war nicht vorgesehen.

»Ich habe eine Idee«, sagte die nette Dame von der Flughafenhilfe, »Sie schaffen den Flug nicht mit den Beinen dieser Dame, wir organisieren einen Rollstuhl.« In kürzester Zeit hatten wir zwei Rollstühle, einen für Madame Godefroy, den anderen für ihren Koffer, und mit wehenden Haaren rasten wir durch den Flughafen von Frankfurt, kamen atemlos am Abflugschalter an, verstauten Madame Godefroy auf ihren Sitz im Flugzeug, und die Maschine hob ab. Erschöpft sank ich in meinen Sitz und begann, mir Sorgen zu machen. Darüber schlief ich dann zum Glück ein.

Da ich von Natur aus optimistisch bin, beschloss ich, die Situation von Fall zu Fall abzuwägen und dementsprechend zu handeln. So schlimm konnte es ja nicht werden. Hoffte ich. Wir blieben zwei Nächte in Singapur. Am freien Nachmittag rief mich die Direktion des Hotels an: Ob ich so gut wäre und Madame Godefroy erklären würde, dass sie für zwei Nächte gebucht sei. Madame Godefroy stand unten in der Hotelhalle, reisefertig. Sie erklärte mir, dass sie nicht wisse, warum sie in Singapur gelandet sei, sie wolle nach Australien, und das habe sie auch gebucht.

»Wissen Sie, Madame Godefroy, ich glaube, die Reise ist viel zu anstrengend für Sie, wir werden viel zu Fuß gehen, wir werden oft früh aufstehen müssen, wir sind extremen Temperaturen ausgesetzt, und ich kann mir ganz einfach nicht vorstellen, dass Sie diese Reise körperlich schaffen. Ich möchte Sie gerne nach

Paris zurückschicken.«

Da hatte ich mich aber verkalkuliert! Madame Godefroy stampfte mit ihrem (schwachen!) Fuß auf wie
ein trotziges Kind und antwortete heftig: »Seit meiner
Kindheit träume ich davon, Australien zu sehen, seit
Jahren versuche ich, mich einer Gruppe anzuschließen,
und jetzt, da es endlich klappt, werden SIE mich nicht
nach Hause schicken!« Sie war *wütend*, und ich verstand, dass ich es mit einer zähen Person zu tun hatte.
Offensichtlich hatte ihre Agentur unter allen möglichen Vorwänden versucht, die Dame von dieser Reise
abzuhalten. Da sie in ihren lichten Momenten eine
durchaus schlaue, ja sogar sehr intelligente Dame
war, hatte sie sich schließlich einfach an eine Agentur
gewandt, bei der sie niemand kannte. Und da natürlich auch im Bereich Reisen nicht alle Berater verant-
wortungsbewusst sind, hatte man offensichtlich nur
an den Verkauf einer teuren Reise gedacht. Mit den
Folgen war jetzt *ich* gesegnet.

Madame Godefroys Kurzzeitgedächtnis war so gut
wie inexistent, und ich begann, ihr sämtliche wichtigen Zeiten aufzuschreiben. Das Problem war, dass
sie sogar vergaß, dass ich ihr alles schriftlich gegeben
hatte, und so kam es, dass sie mir endlos dieselben
Fragen stellte und mich sogar mitten in der Nacht
anrief. (Wie sie es jeweils schaffte, meine Zimmernummer herauszufinden, weiß ich nicht!)

Eines Nachts, es war auf derselben Ranch in der Halbwüste, wo Molly sein Schreckenserlebnis mit der Spinne gehabt hatte, schlurfte jemand durch die Anlage. Es
war zwei Uhr, und ich erwachte äußerst beunruhigt.
Da, ein Schatten erschien vor meinem Fenster, die

schlurfenden Schritte verlangsamten sich und hielten direkt vor meiner Zimmertüre. Ich lag steif vor Schrecken in meinem Bett und hielt den Atem an.

»Warum steht Ihr Koffer nicht draußen?« fragte eine tiefe Stimme, die Madame Godefroy gehörte. Ich war erleichtert, einerseits, andererseits wütend darüber, dass sie mich schon wieder weckte. »Ich stelle ihn erst morgen früh vor die Tür«, rief ich, »gehen Sie jetzt schlafen, wir haben einen langen Tag morgen.« »Warum gehen wir denn noch nicht? Ich bin reisefertig«, insistierte sie, und ich musste aufstehen und ihr erklären, dass außer ihr alle Leute schliefen. So schlurfte sie zurück in ihr Zimmer.

Sie brauchte immer Hilfe beim Gehen, weil sie sich kaum mehr auf den Beinen halten konnte, und sie aß nur, wenn ich ihr Gesellschaft leistete. Hin und wieder war sie mit ihrer alten Geisteskraft gesegnet.

Seit zehn Tagen waren wir unterwegs, und Madame Godefroy hatte ihre Kleider noch nie gewechselt. Nun sollten wir in den Süden fliegen. Es war im australischen Winter, und das Klima kann im Süden recht kühl sein. »Morgen müssen Sie Ihre Jacke auspacken, Madame Godefroy. Es wird kühl werden. Ich hoffe, dass Sie etwas Warmes eingepackt haben?« Madame Godefroy zuckte mit den Schultern und antwortete: »Das weiß ich nicht. Wie soll ich denn wissen, was in meinem Koffer ist?«

Ich war perplex. Sie schien aus sehr wohlhabenden Verhältnissen zu stammen, und ich konnte mir durchaus vorstellen, dass sie Hauspersonal hatte. Vielleicht hatte ihre Haushälterin den Koffer gepackt?

»Nein, nein«, antwortete sie auf meine Frage, »ich

habe den Koffer selbst gepackt, aber ich habe ihn ja noch nie geöffnet, seit ich Paris verlassen habe.«

Mir fiel der Kiefer herunter: »Noch nie geöffnet … aber wieso denn nicht?«

»Weil Sie mir die ganze Zeit sagen, dass ich den Koffer vor die Tür stellen muss!«

Es war die Zeit vor dem Aufkommen von Rollkoffern. Um unseren Kunden das Reisen möglichst zu erleichtern, wurde das Gepäck vor der Abreise von Kofferträgern eingesammelt, damit sich die Gäste nicht selbst abmühen mussten.

Es war unfassbar. So stellte ich halt für den Rest der Reise meinen Wecker etwas früher und half Frau Godefroy allmorgendlich bei der Wahl ihrer Kleider und packte anschließend ihren Koffer.

Nun sind solche Vorkommnisse natürlich nicht an der Tagesordnung, trotzdem sind wir in unserer Berufsgattung immer ein bisschen beleidigt, wenn die Meinung herrscht, dass wir in diesem Beruf ganzjährig Urlaub haben!

Hin und wieder musste ich mich Madame Godefroy gegenüber durchsetzen, es gab Situationen, in denen es leichtsinnig gewesen wäre, die Verantwortung für sie zu übernehmen, sei es beim Erklimmen des grandiosen Kings Canyon, dessen Besteigung sportliche Tüchtigkeit und exzellente Kondition erfordert, oder beim Besuch auf der kalten, regnerischen Philipp Island, wo nachts die Zwergpinguinparade immer von vielen drängenden Leuten besucht wird und ich Angst hatte, dass Madame Godefroy im unwegsamen Gelände umgestoßen und verletzt werden könnte. Dass ich sie an diesem Abend in Melbourne zurückließ, hat mir Madame Godefroy nie verziehen ...

»Sie treffen bestimmt viele eigenartige Leute?« fragt man mich immer wieder neugierig, aber die Antwort ist: eher nein. Die meisten Leute, die in Urlaub fahren, freuen sich darüber, sind offen und freundlich. Ausnahmen bestätigen die Regel: Entweder entsteht eine schlechte Laune aufgrund von nicht erfüllten Erwartungen, eventuell sind die Leistungen des Reise-Organisators nicht optimal (hier versuchen wir natürlich, so es in unserer Macht liegt, Abhilfe zu schaffen) oder aber es handelt sich schlicht und einfach um Menschen, die generell unzufrieden sind mit sich und der Welt und ihre Unzufriedenheit natürlich mit in den Urlaub nehmen wie jene Dame, die von ihrem Mann gegen einen jüngeren Jahrgang ausgetauscht worden war und mir in der Folge das Leben sehr schwer machte. Sie wechselte während einer dreiwöchigen Reise prinzipiell jedes der ihr zugeteilten Zimmer, obwohl ich von Beginn der Reise an, nachdem ich das Problem erkannt hatte, sämtliche Hotels unserer Rundreise anrief und darum bat, die Dame weder neben dem Lift noch neben der Eismaschine noch zu weit unten noch zu weit hinten unterzubringen, sie dafür mit einer schönen Aussicht zu beglücken. Sie dankte es mir nie, im Gegenteil, sie glaubte immer noch, die Ehepaare seien besser untergebracht, und ich begann mich zu fragen, wie gerechtfertigt es war, dass ich jemanden, der mit seiner Unzufriedenheit meine ganze Gruppe durcheinanderbrachte, so bevorzugt behandelte. Leute, die nie aufmucken, sind eigentlich schlechter dran, dachte ich wütend. Maßlos enttäuscht war ich vor allem, als sie mir nach einem wunderschönen Abschiedsessen vor der ganzen Gruppe vorwarf, dass ich sie und ihre Mutter immer zweitrangig behandelt hätte. Meine Höflichkeit verbat es mir immer noch, mich zu wehren, da tat es ein Herr aus der Gruppe, der ihr wütend entgegenhielt, ihre Vorwürfe seien so lächerlich und unpassend, dass es wohl am besten sei, wenn wir jetzt die Tafel aufheben würden. Die Damen verabschiedeten sich nach einer über dreiwöchigen Reise nicht von mir und ließen ihr Gift noch einmal schriftlich bei meinem Arbeitgeber spritzen. Solche Ungerechtigkeiten tun weh, zum Glück kommen sie nicht oft vor. Vielleicht verhält man sich hin und wieder falsch, niemals jedoch aus böser Absicht.

Nie werde ich sie vergessen, meine exaltierte Kundin aus Australien, die mich drei Wochen lang auf Trab hielt, und die ich dennoch mochte.

Die tanzende Sängerin

Eine der außergewöhnlichsten Figuren, die mir im Laufe der Jahre begegnet ist, hieß Lexi. Sie kam aus dem Land des Crocodile Dundee und war mit mir auf einer exklusiven Kulturreise. Lexi war etwa 45 Jahre alt und sah außerordentlich gut aus. Sie hatte einen durchtrainierten Körper, den sie mir gleich am zweiten Tag unserer Reise präsentierte. Sie drang in meine Junior Suite ein, die mir die Direktion des Luxushotels freundlicherweise zugewiesen hatte, und nutzte den zusätzlichen Platz in meinem Zimmer, indem sie mir einen eleganten Solotanz aufs Parkett legte. Sie war schlank und geschmeidig, und ich glaubte ihr aufs Wort, dass sie eine Ex-Ballerina war. Lexi war leicht verrückt, und auch sie hätte ich gerne nach Hause geschickt, aber es gab keinen Grund, außer dass sie eben exzentrisch war. Sie meldete sich immer ab für die Stadt- und Museumsbesuche (stattdessen ging sie jeden zweiten Tag zur Kosmetikerin), war für die Konzerte aber immer pünktlich zur Stelle. Nach dem fulminanten Solotanz in meiner Suite fuhren wir zu den Bayreuther Festspielen. Meine Gruppe bestand aus sehr distinguierten und zum Teil auf dem internationalen Parkett bekannten Gästen, und als Lexi ihren ersten »Auftritt« inszenierte, verschlug es uns allen kurz die Sprache. Hinterher kamen sie alle, einer nach der anderen, heimlich zu mir und baten mich, ihnen die Theater- und Konzertkarten jeweils möglichst weit entfernt von Lexi zuzuteilen. Ja, lieber würden sie schlecht sitzen, als neben ihr. Lexi hatte sich zur Feier des »Fliegenden Holländer«

eine mit Locken wallende, strohblonde, bis zur Taille reichende Perücke aufgesetzt. Dazu trug sie eine Sonnenbrille, eine teures Spitzenkleid und … Ballettstulpen. Manchmal krönte sie sich noch mit einem roten, leicht verblichenen Sonnenhut aus Tuch, und über all dem trug sie gelegentlich (und zwar im August!) einen dicken, langhaarigen und unansehnlichen Lammfellmantel. Immerhin verstand sie viel von Musik, und nachdem ich sie einen Morgen lang die Tonleiter hinauf- und hinuntersingen gehört hatte, glaubte ich ihr auch, dass sie einmal Sängerin gewesen war.

Sie trug ganze Pakete von Reiseschecks mit sich herum und kaufte damit in jeder Stadt Schmuck. Sobald wir die Stadt verlassen hatten, rief sie ihren Bankfachmann in Australien an und bat ihn, die Reiseschecks sofort zu annullieren, da man sie übers Ohr gehauen habe.

An einem freien Nachmittag wurde ich wieder einmal von der Direktion des Grand Hotels zitiert. Der Direktor hatte seine Assistentin vorgeschickt, und ich wunderte mich, weshalb sie so betreten war. »Bitte, könnten Sie Ihrer Kundin auf Zimmer XX erklären, dass es in Deutschland nicht üblich ist, nackt in den Gängen eines Fünf-Sterne-Hotels herumzuspazieren?« bat sie mich und fühlte sich sichtlich unwohl dabei. Im ersten Moment wusste ich nicht, ob mich die junge Dame auf den Arm nehmen wollte, aber da wurde sie noch deutlicher und erzählte, dass Lexi schon den ganzen Tag nackt auf ihrem Zimmer sei und halbstündlich unter irgend einem Vorwand jemand zu sich rufe: Das Licht sei kaputt, das Wasser fließe nicht ab, sie wolle Tee, dreißig Minuten später Brötchen, ja, sie sei höchst erfinderisch, aber jetzt seien sämtliche männlichen Angestellten dort gewesen, und sie würden sich unisono weigern, noch weitere Dienstleistungen zu verrichten, denn es sei sehr offensichtlich, dass die Dame eigentlich etwas ganz anderes wünsche, und da keiner mehr auf ihr Zimmer gehen wolle, hätte sie eben angefangen, auf dem Gang herumzuspazieren.

Ich rief Lexi also an und erklärte ihr, dass sie sich etwas diskreter verhalten müsse, aber sie hörte mir nicht einmal zu. Sie war jedoch sichtlich froh um eine Unterbrechung ihres Tages. In der Folge packte sie während der ganzen Reise jede Gelegenheit beim Schopf, um mir irgendwelche abstrusen Geschichten zu erzählen. Ich brauchte diese nicht zu kommentieren, obwohl ich es hin und wieder ganz gerne getan hätte, aber sie wollte nur sprechen, und da ich die einzige Person in der Gruppe war, mit der sie zu sprechen gewillt war (und umgekehrt), fühlte ich mich oft als ihr Opfer. Dabei sagte sie oft sehr weise Dinge, die mich regelmäßig verblüfften.

Tatsache war, dass Lexi auf der Suche nach einem Mann war, und so kam sie eines Morgens ins Hotel Danieli in Venedig zurück und erzählte mir mit verschwörerischer Stimme, sie habe die Nacht nicht im Hotel verbracht, sondern hätte tags zuvor einen italienischen Grafen kennengelernt, mit dem sie die Nacht auf seinem prachtvollen Schloss verbracht habe. Er habe ihr die Ehe versprochen, sie könne infolgedessen die Reise mit uns nicht zu Ende bringen. Ach Gott, wie hätte ich ihr den Grafen gegönnt, ich wäre dann auch gleich meine Probleme los gewesen! Aber so einfach war das nicht, denn als wir Venedig verließen, war sie pünktlich zur Abfahrt an Ort und Stelle. Die Geschichten hörten nicht auf. Es blieb auch nicht beim Grafen, später wurden Barone daraus, auf jeden Fall immer adlige, reiche und schöne Männer, die ihr Leben lang nur auf Lexi gewartet hatten.

Bevor wir in Salzburg auf den Stadtrundgang gingen, schob mir Lexi ein fast unleserliches Stück Papier unter die Tür, worauf stand, dass sie sich für den Rundgang abmelden wolle, weil sie eine Flasche Parfüm getrunken habe und es ihr entsprechend schlecht gehe. Ich nahm es nicht ernst, weil ich mich ja bereits ein bisschen an ihre aufsehenerregenden Geschichten gewöhnt hatte, und machte nachmittags sogar eine Siesta, ohne mich zuvor nach ihrem Wohlbefinden zu erkundigen. Ich wusste in der Zwischenzeit, dass Lexi immer den ganzen Tag schlief, dann ins Konzert oder in die Oper kam und sich die Nächte mit dem Hotelpersonal an der Rezeption um die Ohren schlug. Doch um 17 Uhr rief mich eine beunruhigte Rezeptionistin an und erzählte mir, dass sie seit einer Stunde versuchte, Lexi übers Telefon und mit Klopfen wachzukriegen und dass das Zimmer verriegelt sei. Man könne daher von außen nicht eindringen. Sie befürchtete das Schlimmste. Da mein Zimmer neben dem ihren lag, bat sie mich, über den Balkon in Lexis Zimmer einzusteigen …

Ich kriegte Lexi wach, und sie kam zurück aus einer anderen Welt. Sie muss unter Medikamenten, möglicherweise Drogen, gestanden haben, auf jeden Fall konnte sie sich nicht auf den Beinen halten, und die Geschichte mit dem Parfüm schien wahr zu sein, denn ihr Körper hatte eine intensive, um nicht zu sagen eigenartige Ausdünstung. Ich schlug ihr vor, sich wieder hinzulegen, weil sie offensichtlich nicht in der Lage sei, ein Konzert durchzustehen. Aber da war ich an die falsche Person geraten! »Was?« sagte sie aufgebracht, »auf Gidon Kremer soll ich verzichten? Und wenn man mich tragen muss, gehe ich da hin!« »Schaffst du es denn, dich anzuziehen?« fragte ich sie, und sie nickte benommen. Pünktlich um 18 Uhr wartete sie vor dem Bus, auf schwankenden Beinen zwar, aber sie war da. Sie konnte nicht ohne Hilfe gehen, und so führte ich sie in den Saal, während ich wissen wollte, warum sie Parfüm getrunken hatte. »Weil ich deprimiert war«, lautete ihre knappe Antwort. »Dann hättest du besser eine Flasche Gin getrunken.« »Gin mag ich nicht. Und außerdem fand ich Parfüm interessanter.«

»Warum hast du mir nicht gesagt, dass es dir schlecht geht, ich hätte dir Anti-Depressiva verschafft, das wäre einfacher gewesen.«

Bislang hatten wir leise gesprochen, doch plötzlich verlor sie die Kontrolle und schrie in den Saal hinein: »Hör auf damit, ich *bin* nicht depressiv.«

Mein Herzschlag setzte aus. Wir saßen in der dritten Reihe im Parkett, und Gidon Kremer würde direkt vor unserer Nase spielen: Was, wenn sie das Konzert störte und ich mich nicht unauffällig entfernen konnte mit ihr? Mir war angst und bange, aber sie blieb während des ganzen Konzertes mäuschenstill, war tief beeindruckt, mehr noch: Sie schien erschüttert zu sein vom glanzvollen Spiel Kremers und ließ sich willig wieder hinausbegleiten. Sie konnte immer noch nicht allein gehen, und sie flehte um ein Glas Milch: »Niemand will mir Milch geben, ich weiß nicht warum«, weinte sie plötzlich. »Ich kümmere mich darum, Lexi, sobald wir im Hotel sind«, versprach ich ihr. Dort führte ich sie an einen Tisch, bestellte ein Glas Milch für sie und ein Bier für mich, weil meine Kehle ausgetrocknet war. Als die beiden Getränke serviert wurden, scheuchte sie die Kellnerin mit dem Bier mit einer verächtlichen Geste weg und sagte: »An meinem Tisch wird kein Bier getrunken, bringen Sie der Dame eine Flasche Champagner.«

Nach Bayreuth, Salzburg, Venedig und Verona verließen wir die Länder des alten Adels, und in der Schweiz vergaß Lexi ihre Grafen, Fürsten und Barone. Aber sie suchte immer noch einen Mann. Unser Fahrer W. war ein blonder, attraktiver junger Mann, ausgesprochen höflich und mit hervorragenden Englischkenntnissen. An den schmiss sie sich in der Folge ran. Er war ein bisschen verunsichert. Ich kicherte darüber, für mich würde er wahrscheinlich ein Problem lösen … Nicht nur für mich, auch für das Hotelpersonal, das nächtelang Lexis Philosophiebücher fotokopieren musste, Gott weiß wieso oder für wen. »Sie ist ja attraktiv, und ich wäre nicht prinzipiell abgeneigt«, sinnierte W., »aber die ist so verrückt, dass sie wahrscheinlich unzuverlässig ist, und das kann ich nicht brauchen. Ich glaub', ich lass das besser bleiben.« Und er stand zu seinem Entschluss.

Eines frühen Abends hatte die Gruppe gerade wieder die Zimmer bezogen, und ich besprach noch letzte Details mit dem Hotelpersonal, da kam W. ganz verwirrt zurück und flüsterte mir höchst beunruhigt zu:

»Was soll ich bloß tun, sie liegt in meinem Bett?!« Ich glaubte ihm nicht. DAS konnte nun doch wohl nicht sein. »Geh, geh schauen«, sagte er verdattert, und ich schlich mich an. Tatsächlich. Lexi lag in W.s Bett.

»Also komm, wir müssen ja sowieso was essen, lass uns was knabbern, dann wird's ihr zu dumm, und bis wir gegessen haben, ist sie verschwunden«, schlug ich vor. So war es dann auch. Aber in dieser Nacht klopfte jemand um drei Uhr an meine Tür. Mit einem Satz war ich dran, öffnete, und eine aufgelöste Lexi fiel mir in die Arme und rief: »Roswitha, Roswitha, nebenan ist gerade jemand ermordet worden, wir müssen die Polizei rufen.« »Quatsch, Lexi, ich schlafe gleich neben deinem Zimmer, ich habe absolut nichts gehört, du hast geträumt, geh wieder schlafen.«

»Nein, Roswitha, bitte, darf ich bei dir schlafen?«

»Nein, Lexi, ich habe nur ein Bett, du kannst nicht schlafen hier, aber du brauchst keine Angst zu haben, ich bin ja nebenan.«

»Wenn ich nicht bei dir schlafen kann, darf ich dann wenigstens bei dir sitzen und lesen und schreiben?«

Der Hauptgrund, weshalb ich sie nicht in meinem Zimmer haben wollte, war vor allem der, dass ich wusste, dass sie mich zu Tode reden würde, sie würde mich nicht mehr schlafen lassen, aber ich war verantwortlich für eine anspruchsvolle Reise, deren Gelingen weitgehend von mir abhing. So schmiss ich Lexi fast mit Gewalt aus meinem Zimmer, und anderntags schlief sie wie üblich bis abends …

Zwei Tage später flüsterten und raunten alle Gruppenmitglieder: »Weißt du's schon, Roswitha?« »Nichts weiß ich, was sollte ich denn wissen?« Alle kicherten:

»Wir haben die Lexi heute Morgen schlafend auf der Türschwelle zu W.s Zimmer gefunden.«

Ich sah W. mit großen Augen an, und er bestätigte mir, dass Lexi ihn mitten in der Nacht angerufen und gebeten hatte, bei ihm schlafen zu dürfen. Er hatte es ihr verweigert. Da packte sie ihr Kopfkissen unter den Arm und polterte an seine Tür. Er ließ sie nicht rein, und den Rest der Nacht verbrachte sie vor seiner Tür.

Luzern war der Abschluss unserer Reise. Karajan stieg wie immer (ebenfalls) im Palace Hotel ab, und wir hofften natürlich alle, ihn aus nächster Nähe zu erleben. Man hielt sich ein bisschen länger als üblich bei der Rezeption auf, man blieb ein bisschen länger sitzen beim Kaffee (von der Hotellounge aus konnte man den Eingang so gut im Auge behalten!). Selbstverständlich versuchte ich zu erfahren, wann er erwartet wurde. Aber niemand hatte den Mut, den unsere verrückte Lexi aufbrachte. Sie würde Karajan sehen, koste es, was es wolle. Sie hatte sich auf Hochglanz poliert: sie war bei der Kosmetikerin gewesen, beim Friseur, der ihr eine tolle Frisur zurechtgezwirbelt hatte (Afrolook), sie hatte sich am Morgen bei einer professionellen Ballettgruppe in Stimmung getanzt und scharwenzelte hierauf den ganzen Tag in einem glitzernden, blasslila Aerobic-Dress zwischen Rezeption und Eingangshalle. Man sah sämtliche Konturen. Sie war sozusagen nackt, lilanackt. Sie sah hinreißend aus, ich gebe es zu. Aber es war denkbar unpassend, und ich genierte mich, ging hin zu den Angestellten bei der Rezeption und sagte: »Wenn Ihr nicht wollt, dass sie hier so rumspaziert, dann bringen wir sie irgendwie weg.« Es liegt auf der Hand, dass die Habitués des Hotels unsere Lexi ziemlich irritiert beobachteten. Ich mag es ja auch nicht besonders, wenn sich die Gäste der jeweiligen Adresse beziehungsweise Etikette nicht anpassen. Aber zu meiner großen Überraschung kicherten sie hinter der Rezeption und winkten ab: »Ach lassen Sie, endlich haben wir jemanden, der aus dem Rahmen fällt, wir genießen Ihre Verrückte!«

Zwei Monate später war Lexi tot. Sie hat sich umgebracht. Trotz der Probleme, die sie mir laufend verursachte, hatte ich sie irgendwie liebgewonnen, daher war ich sehr traurig über ihren freiwilligen Tod.

Traurige beziehungsweise belastende Erlebnisse waren seltener als fröhliche Momente. Daher lache ich noch heute über einen sympathischen, jedoch ziemlich rätselhaften Libanesen, der eine Reise nach Südafrika gebucht hatte.

Bonmots

Auf einer meiner Südafrika-Reisen war ein Libanese dabei. Obwohl er offensichtlich kein Wort Deutsch sprach, zog er die Gesellschaft der Deutschschweizer jener der Welschschweizer vor (er sprach fließend Französisch, es wäre also auf der Hand gelegen, dort Anschluss zu suchen). Bei den Deutschschweizern ging es immer hoch zu und her, denn die kosteten zu jedem Essen die vorzüglichen Erzeugnisse der südafrikanischen Weinlese. Das einzige deutsche Wort, das der ausgesprochen distinguierte Herr gelegentlich äußerte – und immer in völlig unpassenden Momenten –, war »Edelweiß«. Wir hörten das Wort und taten es ab als Kuriosität, die wir nicht verstanden. Aber irgendwann konnte ich meine Neugierde nicht mehr zähmen, und gegen Ende der Reise erfuhren wir, dass er »Edelweiß« für das deutsche »Danke« hielt …

Groß war die Überraschung in Zürich, als sich besagter Herr mit einer in perfektem Deutsch gehaltenen Ansprache von uns verabschiedete. Der Kiefer fiel uns allen runter, und wir fühlten uns übers Ohr gehauen. Aber der Gast freute sich riesig über unsere verdutzten Gesichter und erzählte uns, dass er sich seine Rede von der Bedienung in der Ersten Klasse habe auf Deutsch übersetzen lassen. Da er der einzige Gast gewesen sei, habe sie mit ihm gepaukt, bis die Ansprache saß.

Zwischenspiel: Begegnungen

In San Francisco holte John, der Mitinhaber unseres Busunternehmens, mich und meine Gruppe mit seinem achtjährigen Sohn ab. Völlig unamerikanisch trug Jack weder Turnschuhe noch T-Shirt noch verbeulte Jeans, sondern er präsentierte sich im gestreiften Hemd, dunkler Hose und SAUBER GEPUTZTEN LEDERSCHUHEN, was ich nachgerade als unglaublich, da in den USA so außergewöhnlich, erachtete. Hinzu kam, dass Jack ein sehr hübscher Junge war, und ich musste meiner Begeisterung sofort Ausdruck verschaffen: »God, aren't you a beautiful little boy!« Jack nickte völlig unbeeindruckt, souverän, und antwortete: »Yeah, but just wait until you see our bus, THAT one is even more beautiful!«

Lukas, elf Jahre alt, fragte mich in Las Vegas, ob ich kein Heimweh habe, was mich ziemlich belustigte. »Hast du denn Heimweh?« fragte ich ihn, und er antwortete nachdenklich: »Naja, eigentlich habe ich kein Heimweh nach unserem Haus oder materiellen Dingen, aber ich habe Sehnsucht nach meinen Großeltern. Die vermisse ich sehr. Vielleicht sollte ich das dann auch nicht Heimweh nennen, sondern es ist wohl viel mehr ein Menschenweh!«

New York. 5th Ave. Ich hatte ein paar CDs eingekauft und wartete auf die Rechnung. Eine attraktive (unechte) Blondine bediente die Kasse und begann nach amerikanischer Art das Gespräch, das immer gleich beginnt: »Where are you from?« (Woher kommst du?) »From Switzerland.« Sie schaute mich grübelnd an, dachte angestrengt nach und fragte dann langsam: »Does that make you Scottish or Irish?« (Macht dich das zu einer Schottin oder zu einer Irin?)

Gran Canaria. Zwei Schweizer Chartergesellschaften flogen jeden Sonntag die Insel an. Sata um elf Uhr, Balair um 13 Uhr. Eines Tages landeten die Sata mit Verspätung und die Balair verfrüht. Beide landeten um zwölf Uhr. Mein Kollege von der Konkurrenz hatte auf beiden Maschinen Ankünfte und musste daher mit verschiedenen Listen hantieren. Also fragte er alle Leute: »Sind Sie mit der Sata oder mit der Balair gekommen?« damit er gleich die richtige Liste zur Hand nehmen konnte. Da erschien ein Herr mittleren Alters, schaute Dominik entsetzt an und antwortete: »Ich? Ich bin mit meiner Mutter gekommen!«

La voix d'Orly

Die Ansagen am Flughafen von Rio werden von einer hinreißend erotischen Stimme gesprochen, und ich konnte mich nicht satthören daran. Natürlich machte ich meine Gruppen jeweils darauf aufmerksam, und Richard, mein Lokalführer, lachte immer darüber. Er erzählte mir, dass er eine Gruppe italienischer Touristen begleitet habe, die sich weigerten, das Flugzeug zu besteigen, bevor sie die Dame nicht zu Gesicht bekämen. Der Wunsch konnte ihnen nicht erfüllt werden, da die Ansagen alle aufgezeichnet und nicht live gesendet werden. Was für eine grenzenlose Enttäuschung für unsere italienischen Freunde. »Die wären sowieso enttäuscht gewesen«, lachte Richard, »besagte Dame ist total unattraktiv, ihr einziges Kapital ist ihre Stimme.« Natürlich fügte ich diese Information von da an hinzu. Eines Tages hatte ich eine französische Theaterschauspielerin in der Gruppe, die uns erklärte, dass man solche Stimmen am Flughafen Paris-Orly ebenfalls bewusst einsetzen würde, weil man festgestellt habe, dass die Leute einer erotischen Stimme besser zuhörten. Regelmäßig werde die Schauspielakademie gebeten, Schauspieler für die Aufzeichnung von Ansagen zu entsenden. Seither nenne man eine erotische Stimme im Theater-Fachjargon »La voix d'Orly« (die Stimme von Orly). Interessant fand ich, dass sie uns erklärte, dass die Stimme mit technischen Mitteln erotisch verbrämt werde.

Die folgende Geschichte ist nicht mir, sondern einer quirligen, lustigen peruanischen Kollegin passiert. Ich finde sie so drollig, dass ich sie Ihnen nicht vorenthalten möchte. Ich habe sie noch am Tag von Margaritas Erzählung aufgeschrieben, und zwar exakt so, wie Margarita sie erzählt hat. Es ist ...

Die Geschichte vom verlorenen Chinesen

Margarita ist Lokalführerin in Lima und zeigt ihre Heimatstadt mit umwerfendem Enthusiasmus nebst Schweizern, Deutschen, Österreichern und Amerikanern gelegentlich auch Chinesen. So auch an diesem denkwürdigen Tag, an dem sich unsere Geschichte ereignete. Margarita empfing am Morgen eine dieser Gruppen von Taiwanchinesen, die Südamerika sozusagen im Überschalltempo besuchen: Freitag Bogotá (Kolumbien), Samstag Quito (Ecuador), Sonntag Lima (Peru), Montag Santiago (Chile) etc. Zwischen all diesen Ländern liegen mehrere Flugstunden! Man schleust diese Gruppen durch Städte und Museen, stopft sie voll mit (chinesischen) Mahlzeiten und deponiert sie abends in irgendeinem Hotel, von dem sie in der Regel weder den Namen kennen noch – höchstwahrscheinlich – wissen, in welcher Stadt es steht. Da sie jeden Morgen mit dem ersten Flug weiterziehen, dürften sie mit der Zeit so übermüdet sein, dass sie kaum mehr wissen, wer sie selbst sind.

Ein Besuch mit solchen Gästen im hochinteressanten archäologischen Museum von Lima soll sich gemäß Margarita regelmäßig folgendermaßen abwickeln: Zehn Minuten Halt vor den Mumien, die fotografiert werden müssen. Fünf Minuten im Inkasaal und dreißig Minuten Schlange stehen vor der Toilette, weil alle gleichzeitig müssen und *immer* jemand den Auftakt dazu gibt, dem alle folgen, als hätten sie nur darauf gewartet. Nach beschriebenem Schema spielte sich der Museumsbesuch mit unseren Chinesen auch an besagtem Tag ab. Nachdem sich die Schlange vor der Toilette aufgelöst hatte, wollte Margarita weiterfahren, um das Limaprogramm durchzuspielen – aber ein Chinese fehlte. Mit Hilfe der Museumswärter suchte sie jeden Winkel des Museums inklusive Toilette ab. Kein Chinese. Darauf wurde die Gruppe in vier Teile geteilt, und alle schwärmten aus, um den fehlenden Chinesen aufzustöbern. Der Chinese blieb unauffindbar. Nach einstündiger Suche brach man dieselbe ab und avisierte die Polizei: Der verlorene Chinese sprach nur Chinesisch, konnte sich also kaum allein durchschlagen, außerdem trug er – das wusste Margarita – zehntausend US-Dollar um den Hals und eine goldene Rolex am Handgelenk. Das bedeutete, dass er gefunden werden musste, und zwar relativ schnell. Mit ihrer lebhaften Fantasie, aber auch in Kenntnis ihrer doch ausgesprochen gefährlichen Heimatstadt, sah Margarita ihren Chinesen schon seines Geldes und seiner Uhr beraubt, in Stücke zerschnitten irgendwo auf einem Abfallhügel verwesen; kurz, sie war einerseits höchst beunruhigt, andererseits aber doch relativ optimistisch, dass die Polizei ihn in kürzester Zeit finden würde. Wieso, möchte der geneigte Leser wohl gerne wissen? Nun, unser Chinese sah zwar aus wie jeder andere Chinese, ABER mitten auf dem Schädel ragte ein weißes Büschel Haare kerzengerade in die Luft, was ihn aussehen ließ wie einen chinesischen Moritz oder einen ältlichen Punk, das heißt: er war schlicht nicht zu übersehen.

Margarita zeigte der Gruppe ein paar Sehenswürdigkeiten ihrer Heimatstadt und brachte sie dann zum Mittagessen in ein chinesisches Restaurant, derweil sie auch noch ihren Arbeitgeber informierte. Da Sonntag war, störte sie denselben mitten in einem Familienfest, bei dem Vater, Mutter, Großeltern, Onkel, Tanten, Schwager, Schwägerinnen und Kinder vertreten waren. Das Fest wurde sofort abgebrochen, und alle schwärmten aus, um die Arbeit der Polizei zu unterstützen. Man bestürmte Limas Fernseh- und Radiostationen, um die Bevölkerung zur Mithilfe aufzurufen. Margarita aber absolvierte weiter ihr Programm, rief zwischendurch jedoch stündlich die Polizei und die inzwischen errichtete Anlaufstelle ihrer Agentur an. Die Auskunft war jedes Mal niederschmetternd: Niemand in Lima wollte einen Chinesen mit Moritzfrisur gesehen haben. Alle Suchaktionen liefen auf Hochtouren, aber als Margarita ihre Gruppe abends im Hotel ablieferte, hatte man den verlorenen Chinesen immer noch nicht gesichtet, und sie war aufs Schlimmste gefasst. Die Gruppe würde anderntags weiterfliegen, und er *musste* ganz einfach gefunden werden. Ganz allein ins Hotel finden, konnte er nicht – nicht nur aus Mangel an Kommunikationsvermögen, sondern weil die chinesischen Touristen in der Regel nicht wissen, wo sie untergebracht werden –, so wie wir in den Anfängen des Gruppentourismus in China.

Margarita wartete im Hotel, völlig verzweifelt. Stunde um Stunde verrann, bis um 23 Uhr endlich ein Polizeikommissär anrief und Margarita aufforderte, sich zwecks Besichtigung eines Chinesen bei ihm einzufinden. Mit dem Bruder und einem Freund des verlorenen Gastes zog sie los und tatsächlich, da saß er, im Kommissariat, zufrieden vor sich hin lächelnd und nicht einmal sonderlich erleichtert, die Seinen wiedergefunden zu haben. Er war unversehrt und unbeklaut …

Was aber hatte sich in all den Stunden ereignet? Am Morgen, während die Gruppe im Museum war, verspürte unser Freund Hunger und entfernte sich von der Gruppe, um eine Kleinigkeit zu essen. Allerdings schlug er hinterher die falsche Richtung ein und fand nicht zurück zum Museum. So ging er einfach weiter, ängstlich seine zehntausend US-Dollar hütend, die er unter seinem T-Shirt hängen hatte. So weckte er den Argwohn eines Polizisten, der, einer Intuition folgend, den Chinesen ansprach und ihn aufforderte, sich auszuweisen. Nicht nur verstand unser Freund kein Wort, sondern offensichtlich merkte er auch nicht, dass es sich bei besagtem Herrn um einen Polizisten handelte, denn er weigerte sich, seinen Pass vorzuzeigen. Vorgewarnt und daher wohl in Erwartung, bestohlen zu werden, hütete er weiterhin ängstlich seinen Schatz auf der Brust.

Nun fügte es sich, dass es sich bei unserem Beamten um einen gescheiten, fantasievollen Polizisten handelte, der sich den notabene millionenschweren Chinesen von oben bis unten besah und folgerte, dass es sich zweifellos um einen neuen Koch in einem der vielen chinesischen Restaurants in Lima handeln musste – und zwar musste er so neu sein, dass er sich weder verständigen noch seinen Weg wiederfinden konnte. Kurzentschlossen nahm er unseren Freund an die Hand, und sie fuhren zusammen in ein äußerst zweifelhaftes Quartier von Lima, wo sie stundenlang die miesesten Restaurants abklopften. Aber nicht nur wollte niemand einen Koch verloren haben, nein, das Missverständnis wurde auch deshalb nicht aus der Welt geschafft, weil sich kein Chinese fand, der denselben Dialekt gesprochen hätte wie unser Freund.

Inzwischen war es Abend geworden, und das seltsame Paar wanderte immer noch durch Limas Straßen. Da beschloss der Polizist, seine Taktik zu ändern. Statt seinen vermeintlich verlorengegangenen Koch in einer billigen Spelunke loszuwerden, beschloss er, seine Suchaktion in den teuersten und bekanntesten Lokalen fortzusetzen. In der Zwischenzeit hatte er nämlich offiziell Feierabend, und er wollte sein Problem endlich lösen. Es war klar, dass sie die restlichen Restaurants nicht mehr zu Fuß aufsuchen konnten. Aber auch dieses logistische Problem löste er bravourös, indem er ein Telefonbuch nahm und die entsprechende Seite herausriss, in der Überzeugung, dass er, wenn er alle Restaurants anriefe, seinen Schützling zweifellos loswerden würde. Recht hatte er. So kam es nämlich, dass er auch im Restaurant »Mandarin« anrief, dem Restaurant, in welchem unsere Gruppe am Mittag gegessen hatte. Ob sie nicht einen Koch verloren hätten, fragte er zum x-ten Mal.

»Einen Koch haben wir nicht verloren«, antwortete das Personal dort, »aber eine hysterische Reiseführerin hatten wir heute Mittag im Lokal, die einen Gast verloren hat.«

Der Zufall oder vielmehr die Fügung wollte es, dass man dort wusste, in welchem Hotel die Gruppe übernachtete (was der Chinese ja wiederum nicht gewusst hatte). Was für eine Erleichterung für Margarita, die seit Stunden schon wie auf Nadeln auf den ersehnten

Anruf wartete.

Unser chinesischer Freund aber hatte sich keinen Moment gesorgt, und als man ihn fragte, was er gemacht hätte, wenn man ihn nicht gefunden hätte, antwortete er völlig entspannt, dann wäre er eben zum Flughafen marschiert, um den Flug nach Santiago nicht zu verpassen. Wie er den Weg zum Flughafen hätte finden wollen, wird uns ein ewiges Rätsel bleiben, und außerdem .... nur wer Lima kennt, weiß, was das bedeutet hätte: Er wäre mit Sicherheit nie am Flughafen angekommen, und wenn er dort angekommen wäre, dann gewiss völlig mittellos, denn die Flughafenstrasse führt durch eines der zahlreichen Armenviertel Limas. Nachdem die Gruppe schon längst in Santiago angekommen war, entdeckte Margarita, dass das peruanische Fernsehen das Signalement des verlorenen Chinesen immer noch durchgab. Man hatte vergessen, die Suchaktion zu annullieren!

Zwischenspiel: Vier Freunde

Wieder einmal bereisten wir die Anden. Ich hatte im Lauf der Jahre viele Freunde und Freundinnen gewonnen unter den lokalen Führern. Fast ein jeder hatte seine eigene interessante Geschichte, ob es sich nun um Margarita handelte, die einer stark politisierten Familie angehörte und ihre Touristengruppen mit entsprechendem Enthusiasmus auf die Ungereimtheiten in ihrem Lande aufmerksam machte, oder um Agustin, der auf direktem Weg von einem spanischen Kardinal abstammte. Agustins Urgroßvater war der älteste Sprössling eines Adelsgeschlechts und musste wider Willen Priester werden. Er sah blendend aus und liebte Wein, Weib und Gesang. Ob er aus diesem Grunde nach Südamerika zwangsversetzt wurde, entzieht sich meiner Kenntnis. Jedenfalls soll sich der attraktive Priester bei der Ankunft in La Paz umgehend die schönste Frau der Stadt ausgewählt haben. Er lebte offiziell mit ihr zusammen, und sie gebar ihm zwei Kinder, Agustins Vorfahren. War es seine adelige Abstammung oder eine weitere Zwangsversetzung aufgrund seines für die katholische Kirche anstößigen Lebenswandels? Der lebenslustige Kirchenmann jedenfalls wurde zum Kardinal befördert und in die Hauptstadt Boliviens, Sucre, versetzt. Er ließ seine schöne Geliebte mitsamt Nachkommen in La Paz zurück und verschwand aus deren Leben. Zum Glück entstammte die ehemals Auserwählte einer begüterten Familie, und sie und ihre Kinder brauchten nicht zu darben. Agustin war zwar nicht mit dem blendenden Äußeren seines Vorfahrs gesegnet, hingegen mit dessen brillantem Geist, und so wurde jeder Besuch in Bolivien, der von Agustin betreut wurde, zu einem Erlebnis. Agustin war sehr belesen, war Autor mehrerer Bücher, wusste hervorragend Bescheid nicht nur über Geschichte und Kultur seines Landes, sondern auch über die herrschende Politik beziehungsweise die politische Nomenklatura. So erfuhr ich oft pikante Details, die nirgendwo in Presseerzeugnissen zu lesen waren und über die nicht einmal über das Mikrofon gesprochen werden durfte. »Die Wände hören in diesen Ländern mit, und es ist nicht ratsam, zu laut über gewisse Machenschaften zu sprechen«, erklärte mir Agustin.

Weniger politisch, aber dafür umso sozial engagierter war Javier, ein Mestize. Javier war ehrgeizig und wollte unbedingt Arzt werden. Da ihm seine Eltern das Studium nicht finanzieren konnten, setzte er sich als Junge hin und büffelte Deutsch, so lange, bis er in der Lage war, sich so gut auszudrücken, dass er die Arbeit als Lokalführer für Touristen aufnehmen konnte. Auf diese Weise finanzierte er sein Medizinstudium. Als er erkannte, dass in seinem Land Frauenärzte massiv untervertreten waren, spezialisierte er sich in dieser Richtung. Ich traf ihn zum ersten Mal, als er seine Ausbildung bereits beendet hatte und als Arzt im Spital angestellt war. Mit einem Gehalt von hundert US-Dollar lässt sich auch in La Paz nicht gut leben, und so führte Javier an Wochenenden auch weiterhin deutschsprachige Gruppen, um sich sein Taschengeld aufzubessern. Neben seiner Tätigkeit als Arzt und Lokalführer hatte er in jahrelanger, intensiver Arbeit ein immenses Wissen über die indianische Kräutermedizin zusammengetragen und durfte mit der Unterstützung unserer bolivianischen Reiseagentur ein kleines, hochinteressantes Museum aufbauen, das den Touristen heute zugänglich ist. Den Ausführungen Javiers hörten wir jeweils atemlos zu. Seine Informationen waren weniger intellektuell als sehr realitätsbezogen. Er erzählte uns von den schwierigen Lebensbedingungen der Indios auf dem Altiplano (Hochplateau), von der Ignoranz der Landbevölkerung aufgrund fehlender Schulbildung, von der mangelnden Hygiene, dem Alkoholismus. Dabei fehlte die Bewunderung für das uns verlorengegangene Wissen in Bezug auf die natürliche Medizin selbstverständlich nicht. Javier erzählte mir, dass die gynäkologische Ausbildung in Bolivien sehr rudimentär sei und dass er gerne besser ausgebildet wäre. Daher versuchte er, in Deutschland ein Stipendium zu erhalten, aber seit Jahren bemühte er sich vergeblich darum. Er fragte mich, ob ich Beziehungen hätte, die ihm etwas nützen würden. Pflichtbewusst, aber auch, weil ich an ihn glaubte, habe ich ihm zu helfen versucht, auf meiner Seite leider erfolglos. Ein paar Jahre später erhielt ich einen Brief von ihm: Seine Beharrlichkeit hatte sich gelohnt, er war zu seinem Stipendium gekommen, hatte seinen Facharzt gemacht und war nun auf der Suche nach Geld, um ein Kinderspital zu eröffnen. In der Zwischenzeit habe ich leider den Kontakt zu ihm verloren, aber ich bin überzeugt, dass er für Boliviens Frauen ein Segen ist. Als ich mich nämlich eines Morgens noch etwas schlaftrunken in den Frühstücksraum unseres kleinen Hotels in

Huatajata begab, saß Javier mit blassem Gesicht vor
seinem Maté de Coca. Die Kellner schwirrten aufgeregt um ihn her, und als sie mich erblickten, riefen
sie: »Roswitha, weißt du es schon? Der Javier hat ein
Kind zur Welt gebracht heute Nacht.« Ich war ziemlich verwirrt. Wie konnte denn Javier als Mann ein
Kind zur Welt bringen? Hier schienen andere bio-
logische Gesetze zu herrschen als in Europa. Als die
Kellner meine Verblüffung registrierten, lachten sie
und sagten, »naja, natürlich hat nicht Javier das Kind
gekriegt, sondern er hat einer Frau beim Gebären
geholfen.« Ich sah Javier staunend und fragend an,
und er erzählte mir, dass die Krankenschwester, die
für diesen Hochlanddistrikt zuständig war, auf ein
paar Tage nach La Paz gefahren sei, und ausgerechnet
in ihrer Abwesenheit hätten bei einer Indiofrau die
Wehen eingesetzt. Die Dorfbewohner waren etwas
ratlos, da entsann sich einer von ihnen, der in unserem Hotel arbeitete, dass er Javier, den Frauendoktor,
mit uns gesehen hatte. Er rannte los und trommelte
Javier aus dem Schlaf. Javier hatte keine medizini-
schen Utensilien bei sich. Absolut nichts. So ging er
rasch in der Bar vorbei, man schloss das Gitter auf,
er behändigte eine Flasche Gin, ließ sich eine Näh-
nadel und Faden geben und zog los. Er hatte keine
Medizinalhandschuhe bei sich, es musste auch so gehen, die Mutter würde es überleben, in diesen Lehm-
hütten waren die Leute nicht so empfindlich wie bei
uns, wo wir wegen zu ausgeprägter Sauberkeit krank
werden. Die Indios konnten Javier nicht bezahlen, er
erhielt seinen Lohn in Naturalien. Ich wiederum be-
dauerte ausgesprochen, dass ich meinen Koffer voll

der entzückendsten Babykleider bereits in Lima und Cusco verteilt hatte. Die Lufthansa und die Swissair erlaubten mir immer ein paar Extrakilos für meine Geschenke an die Bedürftigen in Südamerika, Indien, Ägypten und Südafrika. Danke Lufthansa, danke Swissair!

Auch Benito aus Puno am Titicacasee ist eine hier erwähnenswerte Persönlichkeit. Benitos Eltern hatten noch weniger Mittel als Javiers, und er ist daher Autodidakt. Als ich ihn zum ersten Mal traf, waren seine Deutschkenntnisse eher rudimentär. Er war jedoch immer mit Griffel und Papier bewaffnet und packte jede Gelegenheit beim Schopf, Worte, die er nicht kannte, zu notieren und sich grammatikalische Wendungen, die er nicht verstand, erklären zu lassen. Binnen zweier Jahre hatte er sich vorzügliche Deutschkenntnisse angeeignet, und danach begann er sofort mit dem Französischstudium. Dabei verfuhr er genau so, wie er das mit seinem Deutsch gemacht hatte. Mit »Argusohren« hörte er meinen Übersetzungen zu und machte sich eifrig Notizen, bis er dann eines Tages zu mir kam und fragte, ob er die französische Führung mit meiner Hilfe übernehmen dürfe. Benito war nicht so politisiert wie Margarita, nicht so belesen wie Agustin und das soziale Engagement kam nicht so zum Durchbruch wie bei Javier, aber er hatte eine intensive, fast rührende Art, meinen Gästen das Leben der Indios auf dem Hochland vor Augen zu führen. Als Mestize – er könnte auch Indio sein, da bin ich mir nicht ganz sicher – war er bestens vertraut mit den Sitten und Gebräuchen seiner indianischen Landsleute, und er kam stets mit Säcken voller Lebensmittel, erklärte uns den Unterschied zwischen den verschiedenen Kartoffelsorten, den Hirsearten, hatte Fische getrocknet, um uns zu zeigen, was sich in den Wassern des Titicacasees alles tummelte. Seine Säcke bargen auch Wolle von den verschiedenen Hochlandtieren wie der Lamas, Alpakas und Vicuñas. Die zwei Stunden, während derer er uns vom Hotel in Puno bis zur Schiffsanlegestelle in Juli begleitete, gerieten immer viel zu kurz, denn er wollte ja auch noch über die Beziehungen und Feste der Indios berichten. Seine leuchtenden Augen und sein Enthusiasmus waren ansteckend, und ich bin überzeugt, dass der eine oder andere in der Gruppe ein Extratrinkgeld in den Briefumschlag einfließen ließ, allein weil dieser einfach gekleidete Bauernsohn die Fahrt entlang des Titicacasees jeweils zu einem großen Erlebnis werden ließ.

Zu einem Erlebnis anderer Art wurde meine Reise nach ...

Canberra–Honolulu–San Francisco

Ich war dazu ausgewählt worden, ein großes Team von europäischen Leichtathleten an die australischen Weltmeisterschaftskämpfe zu begleiten. Ich sollte mit hunderttausend US-Dollar in der Tasche nach Australien fliegen. Ich hatte keine sonderliche Lust, mit so viel Geld herumzuspazieren. Ich wies das Ansinnen von mir. Natürlich wäre eine Kreditkarte die Lösung gewesen, aber normalerweise bezahlten wir unsere Rechnungen mit sogenannten Vouchern, einer Art Scheck, und eine Kreditkarte hatte für mich bis dahin nie zur Diskussion gestanden, weil keine Notwendigkeit dazu bestand. Als ich am Tag vor meinem Abflug nach Australien am Kassenschalter stand, war es für eine Antragstellung zu spät. Ich konnte meinen Auftraggeber davon überzeugen, dass unser Firmenname weltweit für Zuverlässigkeit und Kreditwürdigkeit stand und ich deswegen zweifellos mit Vouchern auch in Hotels würde bezahlen können, mit denen wir keine direkten Verträge hatten. Das leuchtete dem Organisator ein, und er ließ mich wohlgelaunt von dannen ziehen. In meiner Tasche hatte ich einen Block mit Vouchern, sechstausend US-Dollar, und verantwortlich war ich für die reibungslose Abwicklung einer Reise mit 68 Leichtathleten sowie Trainern und Direktionsmitgliedern des Europäischen Verbands der Leichtathleten. Die 68-köpfige Mannschaft teilte sich in 14 Sprachgruppen auf. Ich war zuständig für fünf westeuropäische Sprachen, ein Pole aus dem Umfeld der Direktion beherrschte neben dem Englischen fünf osteuropäische Sprachen.

Die australische Qantas war überaus hilfreich und gestattete mir die Verteilung der Sitzplätze nach meinem Gutdünken. Ich hatte schnell kapiert, dass es sinnvoll war, die Sitzplätze je nach Körpergröße, Masse und Sprache der jeweiligen Sportler zu verteilen, und so brütete ich vor jedem Flug drei Stunden lang über meinen Bordkarten und der Passagierliste. Es war klar, dass ein muskulöser, fast zwei Meter großer Kugelstoßer mehr Platz brauchte als die zierliche portugiesische Schnellläuferin. Dass man sich auf einem mehr als zwanzigstündigen Flug auch noch gerne mit jemandem unterhalten würde, schien mir logisch zu sein, erleichterte mir aber die Arbeit nicht. Irgendwie brachte ich es meistens fertig, fast alle, um nicht zu sagen alle, zufriedenzustellen.

Canberra, die Hauptstadt Australiens, wo die Weltmeisterschaften stattfanden, stellte mir keine Probleme. Ich war froh, die hunderttausend US-Dollar zurückgewiesen zu haben, denn wir übernachteten in einem College, das heißt in den Schlafkomplexen einer höheren Schule, und es gab nicht einmal einen Schlüssel zu meinem Zimmer, geschweige denn einen Safe, wo ich das Geld hätte deponieren können. Ich durfte die Wettkämpfe auf den für Trainer und Spieler reservierten Plätzen mitverfolgen, und obwohl ich kein Passivsport-Fan bin, entwickelte ich schnell eine Affektion zu »meinen« Leichtathleten. Ich wurde aufgeregt, wenn einer von ihnen um eine Medaille kämpfte, und hoffte stets, dass er oder sie gewinnen würde.

Ich war ein bisschen erstaunt darüber, dass diese schönen jungen Männer und Frauen abends nie in der Bar auftauchten, erst mit der Zeit begann ich das

Umfeld besser kennen- und verstehen zu lernen. Um 21 Uhr waren immer alle im Bett. Durchnächtigte Sportler holen in der Regel keine Medaillen. Sie waren jung und attraktiv, aber sehr ernst, konzentriert, die Osteuropäer mehr noch als die Westeuropäer, geradezu verbissen. Erst nach den Wettkämpfen tauten sie auf und entwickelten eine Lebenslust und -freude, die sie sich vorher nicht gegönnt hatten.

Zur Belohnung für diese letzten Spiele der Saison erhielten die jungen Athleten eine Woche Urlaub in Hawaii. Wir sollten in einem renommierten Hotel wohnen und in Vollpension bewirtet werden. Für eine große Gruppe muss man viel präziser vorausdenken als für eine kleine Gruppe, denn es ist einfacher, für zwanzig Leute zu improvisieren als für siebzig. Meine lange Nase ließ mich auch hier nicht im Stich, und ich bestellte unser erstes Mittagessen bereits per Telex von Australien aus. Alles weitere wie Menübesprechungen, Örtlichkeiten erkunden und Essenszeiten für die Zukunft wollte ich dann an Ort und Stelle erledigen. Aber in Honolulu liefen die Uhren anders. Mein Telex war in den Mühlen des Großbetriebs untergegangen, und der Food and Beverage Manager – Fachausdruck für den Direktor, der zuständig ist für das leibliche Wohl der Hotelgäste – wusste nichts von uns. Das fand ich doppelt seltsam, weil wir ja für Vollpension gebucht waren und das Hotel auch ohne meine Avisierung auf unser Mittagessen hätte eingerichtet sein müssen. Nun, das war soweit ein kleines Problem. Ein größeres Problem ergab sich aus der Tatsache, dass mein Arbeitgeber zwar angefragt hatte, ob sie unsere Voucher akzeptieren würden, aber nie

eine Antwort erhalten hatte und das als Zustimmung
wertete. Jetzt erst, nach unserer Ankunft, berief die
Hoteldirektion eine Sitzung ein für den Nachmittag,
um über unsere Kreditwürdigkeit zu befinden. Sollte
diese Sitzung einen negativen Ausgang haben, würde
ich alles in bar zu bezahlen haben. Ich dachte an meinen schlanken Geldbeutel und war leicht beunruhigt,
wenn auch überzeugt davon, dass ich mit den Mitteln
der Technik binnen 24 Stunden über einen größeren
Geldbetrag würde verfügen können. Das aber war allzu optimistisch.

Als der Finanzdirektor der Leichtathleten von meinen
mühsamen Diskussionen mit der Hoteldirektion erfuhr, entschloss er sich kurzfristig zu einer Änderung
des Programms. Vollpension schien letztlich nicht
sehr wünschenswert für eine Gruppe junger Leute, die
den Tag sowieso lieber am Strand verbrachten, und so
beschloss er, sämtlichen Mitgliedern das Essensgeld
bar auszubezahlen. Nun saß ich in der Klemme. Ich
brauchte in kürzester Zeit 14000 US-Dollar, die ich
ja nicht hatte. Ich verteilte die sechstausend US-Dollar, die ich auf mir trug, und versprach das restliche
Geld auf den folgenden Tag. Die jungen Frauen und
Männer freuten sich über den unerwarteten Barzu-
stupf, der außerdem sehr großzügig ausfiel. Es war
schnell klar, dass die Idee hervorragend gewesen war,
und ich vermute heute noch leise, dass die meisten
ihr Geld nicht fürs Essen ausgegeben haben. Die Ita-
liener rannten sofort los mit dem Geld und kleideten
sich hawaiianisch ein: Mit ihren roten, geblümten
Hemden und Bermudas wurden sie schnell zum Ta-
gesgespräch auf der Insel Oahu. Nicht nur der Klei-

der wegen, sondern auch weil sie sich mit dem Rest des Geldes große Motorräder mieteten, am Morgen losbrausten und erst am Abend wieder auftauchten. Ich freute mich über ihre Lebenslust und war geradezu gerührt, als sie mir auf dem Rückflug nach Europa im Namen aller italienischen Teilnehmer (fünf oder sechs junge Männer) ein Parfüm schenkten (den anderen ist so eine Geste nicht in den Sinn gekommen). Mindestens so begeistert über die Programmänderung dürften die Osteuropäer gewesen sein. Unsere Geschichte spielte sich vor dem Fall der Mauer ab, und US-Dollar waren mehr als willkommen. Allabendlich beobachtete ich die Rumänen, Polen, Tschechen und Bulgaren, wie sie mit riesigen Einkaufstüten ins Hotel zurückkehrten. Auch für sie freute ich mich. Meine Situation war weniger lustig, denn ich verbrachte nun jede Nacht am Telefon mit der Schweiz. Wegen des großen Zeitunterschiedes zwischen Hawaii und der Schweiz musste ich den Wecker jede Nacht auf zwei Uhr stellen. Faxgeräte waren noch nicht so verbreitet, aber alles musste trotzdem schnell gehen. Ich war fassungslos, als ich erfuhr, dass es in diesen hochtechnisierten Ländern nicht möglich war, zehntausend US-Dollar in kurzer Zeit zu transferieren. Das Geld brauchte mindestens vier Tage, bis es zur Auszahlung gelangen würde, und bis dahin waren wir auf dem Weg nach San Francisco. Ich wollte also versuchen, das Geld über unseren Agenten in Honolulu aufzutreiben. Allerdings war unser Touristenaufkommen in Hawaii nicht sonderlich beeindruckend und der Chef der Agentur alles andere als begeistert über meine Anfrage. Er bat mich, bei ihm vorstellig zu werden. Ich wusste, dass dies die einzige Möglichkeit war, an Geld zu kommen, und wählte mein schönstes Sommerkleid aus, schminkte mich besonders sorgfältig und begab mich zur angegebenen Adresse. Man muss kämpfen mit den Waffen, die einem zur Verfügung stehen. Ich ließ meinen Charme spielen. Die Verhandlungen waren harzig. Er wollte eigentlich nicht so recht, und ich brauchte meine ganze Überredungskunst, damit er mir für ein paar Tage zehntausend US-Dollar lieh. Ich hatte das Vorgehen mit meinem Vorgesetzten abgesprochen, und er hatte mir freie Hand gegeben, um die Bedingungen auszuhandeln. Erst als ich dem Reiseagenten versprach, dass er uns für die paar Tage bankenübliche Zinsen und Spesen verrechnen dürfe, war er einverstanden. Er war allerdings nicht liquide, und so musste ich jeden Tag hingehen, um wieder ein paar Tausend Dollar abzuholen. Den Waikikistrand von Honolulu habe ich auf jeden Fall nicht gesehen. In San Francisco befiel mich wieder eine meiner Vorahnungen. Anlässlich unseres gemeinsamen Nachtessens am Vorabend unseres Rückflugs nach Europa bestimmte ich, dass wir drei Stunden vor Abflug nach Los Angeles zum Flughafen fahren würden. »Ich weiß, dass Ihr diesen Entscheid nicht toll finden könnt, aber ich habe ein ungutes Gefühl in Bezug auf morgen, und deshalb bitte ich Euch, meine Entscheidung zu akzeptieren.« Es gab lange Gesichter, denn in San Francisco hat man *nie* genügend Zeit. Aber anderntags waren sie alle da. Meine Bedenken, allein mit über siebzig Leuten auf Reisen zu gehen, hatten sich als völlig überflüssig erwiesen, denn die Disziplin sämtlicher Mitglieder war exemplarisch.

Unser Flug war ursprünglich für 14 Uhr vorgesehen. Als wir um 11.15 Uhr am Flughafen von San Francisco ankamen, stürzte der Station Manager unserer Fluggesellschaft händeringend und blass auf mich zu und rief: »Gottseilobunddank, dass Ihr hier seid, Eure Maschine sitzt in St. Louis fest, und Euer Flug ist annulliert. Ich konnte Euch auf eine andere Gesellschaft umbuchen, aber der Flug geht eine Stunde früher. Los, wir müssen sofort einchecken.« Aber niemand kümmerte sich um unsere einhundert Gepäckstücke. Außerdem waren nun die Bordkarten, die ich bereits am Tag zuvor nach bewährtem Prinzip verteilt hatte, ungültig. Der Station Manager war der Situation nicht gewachsen, rannte ziellos und aufgeregt zitternd von einer Ecke in die andere, und ich staunte nur so. Als um zwölf Uhr noch nichts passiert war, beschloss ich, die Sache selbst in die Hand zu nehmen. In weiser Voraussicht hatte ich tags zuvor eine Liste erstellt, wer wo umsteigen musste, mit welcher Gesellschaft er oder sie wann und wohin fliegen würde. Eine Vorsichtsmaßnahme, die ich noch nie zuvor ergriffen hatte. Nun kam mir das natürlich zugute. Ich packte einen Skycap (Flughafengepäckträger) und bat ihn, mir zu zeigen, wie man Kofferetiketten für Fluglinien schreibt. Ich hatte Gäste, die bis zu ihrer Enddestination bis zu vier Mal umsteigen mussten. Ich hatte noch nie Flugetiketten geschrieben, es war ja üblicherweise nicht meine Aufgabe, außerdem kannte ich die Abkürzungen der meisten Flughäfen nicht. Ich erhielt einen staunenden Blick, aber der Gepäckträger machte sich über meinen Zettel und schrieb mit ungelenken Buchstaben die Codenummern neben meine Notizen. Nun konnte ich natürlich nicht in so kurzer Zeit hundert Koffer selbst etikettieren. Jedes der Direktionsmitglieder erhielt einen Stapel Flugscheine, und wir halfen einander gegenseitig, die Etiketten zu schreiben, generalstabsmäßig organisierten sich die Leichtathleten, etikettierten und spedierten die Koffer auf das Förderband. Der Skycap und die Angestellten der Fluglinie inklusive Station Manager brachten den Mund nicht mehr zu, ließen uns aber gerne gewähren, und um 12.55 Uhr sahen wir den letzten Koffer auf dem Förderband verschwinden. Der Skycap, der – nachdem er mir gezeigt hatte, wie man die Etiketten schreibt – nichts mehr getan hatte, außer uns bei der Arbeit staunend zuzusehen, streckte die Hand für ein Trinkgeld aus. »Damn it, take it«, dachte ich und gab ihm großzügig zwanzig Dollar, ich war so froh, dass wir den Flug schaffen würden, und wir rannten los. Um Punkt 13 Uhr schloss sich die Flugzeugtür hinter uns, und wir hoben in Richtung Los Angeles ab. Beim Gedanken daran, was passiert wäre, wenn wir den Flug in San Francisco verpasst hätten, erschauerte ich: Der Anschluss nach London wäre nicht gewährleistet gewesen, ich hätte ein Hotel gebraucht in Los Angeles, keine Kleinigkeit für über siebzig Leute, ohne Geld. Und in London hätte ich neue Flüge für fünfundzwanzig verschiedene Destinationen suchen müssen.

Albträume

oder doch zumindest Nervenproben, wie Flughäfen sie einem gelegentlich stellen, sind nicht auf Drittweltländer beschränkt, wie mein Versuch, nach Vancouver zu gelangen, zeigt. Ich war übrigens allein auf der Reise nach Vancouver, weil ich meine Gruppe erst dort in Empfang nehmen sollte.

Nach einer langen Odyssee war ich fast am Ziel: ich hatte eine Stunde Zeit, um in Toronto umzusteigen, mein Flug war jedoch 45 Minuten verspätet. Dabei musste ich in dieser kurzen Zeit auch noch durch die Immigration und den Zoll, hierauf den Koffer neu aufgeben. Air Canada versprach, auf uns zu warten. Vielleicht. Um 17.25 Uhr wollten sie aber definitiv fliegen. Um 17.24 Uhr war ich da. Mit wehenden Haaren. Da wurde der ganze Flughafen geschlossen, eines Sturmes wegen. Wir warteten zwei Stunden. Darauf mussten zuerst die Flugzeuge vom Himmel heruntergelassen werden. Die hatten nämlich kein Kerosin mehr. Anschließend hätten wir abfliegen können. Wenn wir keinen technischen Defekt gehabt hätten. Wir standen bereits auf dem Rollfeld und mussten zurück zu einem Gate. Kein Gate mehr für uns. So wurde unser Flugzeug auf der Piste geflickt, und als der technische Schaden endlich behoben war, hatten wir nicht mehr genügend Kerosin, um nach Vancouver zu fliegen. Also doch zurück zu einem Gate … und hinter mir ein Kind, das dauernd schrie …

Aber was sind das für Banalitäten im Vergleich zu einer der erschütterndsten Szenen, die mir in den letzten zwanzig Jahren widerfahren sind:

Verbrechen an der Menschlichkeit

Wer von uns kulturinteressierten Globetrottern hat nicht jahrelang geträumt davon, Angkor Wat, den weltberühmten Tempel, besichtigen zu können, bevor dieser vom Dschungel wieder restlos vereinnahmt beziehungsweise von den Roten Khmer der totalen Zerstörung preisgegeben worden war? Ängstlich hatten wir die Geschehnisse in Kambodscha über die Jahre hinweg verfolgt. In den letzten Jahren hatte sich die politische Situation zwar etwas beruhigt. Trotzdem war an ein definitives Aufatmen noch nicht zu denken, weil sich immer noch ein paar Tausend gewalttätige Männer um Pol Pot scharten, immer wieder Drohungen ausstießen und gelegentlich Leute, vorzugsweise Touristen und Entwicklungshelfer, entführten. Immerhin wurde das ganze Angkor-Areal mit der Hilfe von Franzosen und Iren endgültig entmint – noch zwei Jahre vor meiner zweiten Reise im Jahre 1996 wurden wir mit riesigen Tafeln darauf hingewiesen, dass wir uns nur innerhalb der Ruinen frei bewegen durften, da die Umgebung noch nicht gefahrenfrei war. In Siem Reap, dem Ausgangspunkt für die Besichtigung der riesigen Stadt- und Tempelanlage im Dschungel, wurden nun Hotels gebaut, und es waren Ansätze von Hoffnung auszumachen. Als ich zum zweiten Mal das Glück hatte, dieses großartige Kulturgut zu besichtigen, erwähnte Lorm, unser Lokalführer, die Elefantensuppe. »Elefantensuppe?« fragte ich erstaunt. »Ich habe noch nie gehört, dass man Elefantensuppe essen kann. Wie schmeckt die denn?« »Hervorragend. Wenn man

Hunger hat«, antwortete Lorm. Staunend, neugierig scharten wir uns um ihn, und er versprach, uns im Bus davon zu erzählen.

Lorm, 56 Jahre alt, ursprünglich Lehrer, hat uns die folgende Geschichte erzählt. Wir – achtzehn europäische Touristen – saßen zutiefst betroffen da, keiner rührte sich, und den meisten von uns liefen Tränen über das Gesicht. »Im April 1975 verkündeten die Roten Khmer, dass die Amerikaner die Stadt Siem Reap zu bombardieren gedachten, und sie befahlen allen Menschen, die Stadt zu verlassen. Wir durften keine Fahrräder, Anhänger oder andere technische Fortbewegungsmittel benützen. Meine Frau hatte drei Tage zuvor unser erstes Kind geboren. Obwohl sie kaum gehen konnte und noch nicht wieder bei Kräften war, hatte sie das Spital verlassen müssen. Am ganzen Körper zitternd, drückte sie ihr Baby fest an ihre Brust und versuchte tapfer, mitzuhalten. Ich hatte einen Rucksack gepackt mit Reis, Kochgeschirr, Moskitonetzen und ein paar Medikamenten. April ist der heißeste Monat des Jahres. Die Durchschnittstemperaturen bewegen sich um die vierzig Grad Celsius. Wir marschierten sieben Tage lang, schliefen in Reisfeldern. Das Schlimmste waren die weinenden Frauen. Die Frauen, die eben entbunden hatten, oder im Begriff waren, zu entbinden, so wie meine Frau. Alle Spitäler waren evakuiert worden. Die Kranken und Alten wurden von Freunden oder Kindern auf dem Rücken getragen. Wer sich weigerte, die Stadt zu verlassen, wurde auf der Stelle getötet. Viele Leute starben. Ursprünglich hatten wir uns gefreut, dass die Roten Khmer uns »befreit« hatten, wir ahnten ja nicht, dass uns eine Schreckensherrschaft erwartete. In den Bergen gab es keine Häuser für uns, wir durften uns nur einfache Strohhütten bauen. Die im Kloster wohnenden Bonzen (Mönche) rieten uns, Brillen und Uhren wegzuschmeißen, denn die verrieten uns als Intellektuelle, und Intellektuelle waren automatisch Feinde der Roten Khmer. Jeder von uns musste sich stellen und wurde nach seinem Beruf befragt. Ich behauptete, in einer Fahrradwerkstätte Fahrräder repariert zu haben. Aber die Roten Khmer ließen sich nicht so leicht übertölpeln. Sie untersuchten die Hände aller angeblichen Bauern und Handwerker. Ich hatte Glück, weil ich breite und harte Hände habe, dann aber kontrollierten sie die Füße. Leute, die immer Schuhe tragen, haben andere Füße als die Bauern oder Handwerker, die in der Regel keine Schuhe tragen. Auch hier hatte ich Glück, weil ich auch breite und harte Füße habe. Auf jeden Fall schienen sie mir einigermaßen zu glauben. Dann befragten sie meine Frau, die auch Lehrerin war. Meine Frau gab dieselbe Auskunft wie ich, behauptete, ihr Mann (also ich) flicke Fahrräder in Siem Reap, aber sie glaubten ihr nicht, weil sie hellhäutig und hübsch war. Sie verhöhnten sie und sagten, eine Frau mit einer hellen Haut hätte viel besser heiraten können, als nur gerade einen einfachen Fahrradflicker. Sie sei von ihren Eltern verheiratet worden, hätte nichts dagegen tun können, log sie. Da glaubten sie ihr, denn in Asien gehorcht man den Eltern auch heute noch. Wir waren für die Arbeit auf den Reisfeldern eingeteilt und arbeiteten hart von Sonnenaufgang bis Sonnenuntergang. Wir versuchten, rasch zu lernen, wie man ein guter Reisbauer wird. Zu essen gab es täglich nur eine kleine Schale Reissuppe. Wenn die Roten Khmer einen Elefanten getötet hatten, gab es gelegentlich Elefantensuppe. Ob die gut war? Und wie! Wir hatten ja immer Hunger! Und Früchte? Konnten wir denn keine Früchte essen? Wir hatten keine Zeit, Früchte zu suchen …

Die Arbeit war so hart und das Essen so gering, dass ich depressiv und suizidgefährdet wurde. Eines Tages nahm ich mein Chloroquin hervor und beschloss, mich mittels dieses Malariamittels, das ich vorsorglich mitgebracht hatte, umzubringen. Aber dann besann ich mich darauf, dass ich eine Frau und ein Kind hatte, denen gegenüber ich eine Verantwortung wahrzunehmen hatte, und ich steckte mein Chloroquin wieder weg. Dieu ne m'a jamais abandonné.«

Lorms Französisch war an sich gut, er bediente sich für die Führung in Angkor eines ausgewählten, fachlich einwandfreien Wortschatzes, aber während er diese Geschichte erzählte, wurde er immer aufgeregter und vergaß sogar, die Verben zu konjugieren. Ich weinte bereits vor mich hin, sah mich nicht mehr in der Lage, seine Erzählung auf Deutsch zu übersetzen. Zu erschüttert war ich. Ich wollte meine Tränen vor ihm verstecken, schämte mich deswegen, aber es war unnötig, denn offensichtlich kämpfte er selbst schon länger gegen die Tränen an, und als er mir das Mikrofon für die Übersetzung reichte, sagte er mit tränenüberströmtem Gesicht: »Verzeihen Sie, ich kann nicht mehr weitersprechen.« Dann vergrub er sein Gesicht hinter seinen Händen und schluchzte leise vor sich hin. Nach dem Mittagessen (der Appetit war uns allen gründlich vergangen) hatte er sich wieder gefasst und erzählte weiter:

»Wir waren nur noch Haut und Knochen. Zum Glück hatte meine Frau genügend Milch für unser Kind. Sie durfte mittags wenigstens nach Hause gehen, um das Kind zu stillen.

Geschwächt von der harten Arbeit und der ungenügenden Ernährung bekam ich Malaria. Es gab selbstverständlich keine medizinische Versorgung. Auch zu essen gab es nur für diejenigen, die tagsüber arbeiteten. Als meine Frau eines Tages um 19.30 Uhr in unsere Strohhütte zurückkehrte, hatte ich mit vierzig Grad Fieber schon den ganzen Tag im Koma gelegen. Meine Frau weinte und schrie und rannte hin und her, um Hilfe zu holen. Aber es gab keine Hilfe. Niemand konnte mir helfen. Mein Vorrat an Chloroquin hatte in der Zwischenzeit die Wirksamkeit eingebüßt, und der Dorfschamane durfte mich auf das ausdrückliche Verbot der Roten Khmer hin nicht behandeln. Meine Frau saß bis Mitternacht vor seiner Hütte und weinte. Da überredete ihn seine eigene Frau, die offenbar hellsichtig war, sich dem Verbot zu widersetzen. Geh, schnell, soll sie ihn angefleht haben, er liegt im Sterben.«

Und so war es denn auch. Lorm lag im Sterben. Der Schamane kaute Betel, vollzog die Riten und bespuckte dann den ganzen Körper des Sterbenden mit seinem Betelsaft. Dann öffnete er den im Todeskampf verzerrten Mund gewaltsam mit einem Löffel und flößte ihm Kräutermedizin ein. Eine halbe Stunde später entspannte sich sein erstarrter Körper, und das Fieber sank.

»Ich hatte nichts zu essen, weil die Rationen, wie gesagt, nur an arbeitende Leute verteilt wurden. Meine Frau aber arbeitete noch härter und teilte ihre ohnehin karge Ration mit mir. Auf dem Weg nach Hause sammelte sie Kröten, Schlangen, Krebse und Schnecken, band sie in ihrem Hüfttuch fest und briet sie zu Hause, damit ich wieder zu Kräften kam.

Wir trugen keine Kleider, nur gerade ein Tuch, um unsere Genitalien zu schützen. Im Winter ist es sehr kalt in den Bergen. Wir hatten keine Decken. Viele meiner Familienmitglieder und Freunde sind umgekommen: durch Hunger, Malaria, Entkräftung, Ermordung. Die Menschen sollen totgeschlagen worden sein, vielmehr als erschossen. So konnte man Munition sparen!

1979 hörten wir plötzlich, dass ringsum geschossen wurde (Lorm sprach auf Französisch von »Kanonenschüssen«). Wir hatten keine Ahnung, was los war, die Roten Khmer pflegten uns ja nicht zu informieren. Plötzlich waren sie (die Roten Khmer) verschwunden. Wir getrauten uns jedoch nicht, wegzulaufen, bis die Leute vom Nachbardorf kamen und uns erzählten, dass uns die Vietnamesen befreit hätten. Da freuten wir uns sehr und kehrten nach Siem Reap zurück. Die Roten Khmer hatten alle Häuser zerstört, und der Dschungel hatte die Ruinen vereinnahmt. So mussten wir die Stadt zuerst wiederaufbauen. Ich aber – und Lorm deutete immer wieder auf seinen Kopf – war nicht mehr in der Lage, in meinen Beruf als Lehrer zurückzukehren. Die vier Jahre unter der schrecklichen Herrschaft der Roten Khmer haben meine Psyche zerstört, und so nahm ich eine Arbeit

im Finanzministerium an, bis die Touristen wieder-
kamen, um die Stadt im Dschungel (Angkor) zu besichtigen und man Leute brauchte, die Französisch
und Englisch konnten.«

Lorm hat überlebt. Drei Millionen Kambodschaner
haben nicht überlebt.

Selbstverständlich hatte ich über die Schreckenszeit
der Roten Khmer gelesen. Aber wenn ein erwachse-
ner Mann die Geschichte – seine eigene Geschichte
– erzählt, zwanzig Jahre später von der Erinnerung
immer noch überwältigt wird und vor fremden Leuten weint, dann ist das ungleich viel eindrücklicher.

So kommt es, dass die zwei stärksten Erfahrungen
meiner zweiwöchigen Vietnam-Kambodscha-Reise
die Geschichte Lorms und der Besuch der beiden Spitäler von Dr. Beat Richner sind. (Diese Spitäler sind
Touristen in aller Regel nicht zugänglich). In zwanzig
Jahren Tourismus habe ich nie so viele meiner Gäste
weinen sehen wie in diesen drei Tagen zwischen Siem
Reap und Phnom Penh.

Von den beiden Spitälern Richners zu erzählen, steht
mir insofern nicht zu, als er das selbst viel besser kann
und auch tut. Sein Buch »Kantha Bopha« liest sich wie
eine Offenbarung. Die Geschichte der beiden Spitäler
ist die Geschichte eines schrecklichen Kriegs und dessen Folgen, aber auch eine Geschichte der Hoffnung.
Weil es einen Mann gibt, der für die armen und kranken Kinder Kambodschas seine eigene, gutgehende
Arztpraxis in der Schweiz aufgegeben, sein über alles
geliebtes Cello in die Ecke gestellt und unter Einsatz
seiner Erfahrung, seiner Gesundheit, seiner finanziellen wie auch physischen Sicherheit ein Beispiel an Hil-

festellung gegeben hat. Ihm gebührt Hochachtung.

Ich habe unendlich viel Schönes gesehen in zwanzig Jahren professioneller Globetrotterei – und unsägliches Elend. Der Gedanke daran, dass es Menschen gibt, die ihre Ideale leben, gibt mir ungleich mehr Hoffnung und Mut als mir die negativen Strömungen Verzagtheit und Pessimismus einflössen. Indien ist eines dieser Länder, in denen man pausenlos hin- und hergerissen ist zwischen Begeisterung und Bestürzung.

Indien, Gedanken

Ich sitze in einem ehemaligen Palast und überlege mir, ob man es wirklich immer genießen kann, zur privilegierten Schicht zu gehören. Man gewöhnt sich daran beziehungsweise man hat sich daran gewöhnt. Ich sehe die Misere in Indien, die Armut, den absolut unglaublichen Schmutz, die verkrüppelten Leute.

Zum Frühstück schon gibt's Curry für mich, je schärfer, desto besser. Ich glaube, ich bin süchtig nach Asien, nach dem Orient. Ich bin ewig mittendrin im Konflikt. Zwischen meinen zwei Seelen, die nie dasselbe wollen. Die eine Seele, die zu Hause bleiben möchte, und die andere, die immerzu wegfahren will. Am Tag der Abreise leide ich so, dass ich das gar nicht beschreiben kann. Und sobald ich am Zielort angekommen bin, fällt die Schweiz von mir ab. Ich will dann auch nicht mehr an sie denken, nicht an die Schweiz, fast nicht an meine Freunde, fast nicht an das, was dort ist und auf mich wartet.

Heute habe ich einem kleinen Kind ein paar rote Schuhe geschenkt. Es hat mich angesehen, als ob ich eine leibgewordene Göttin sei, direkt vom Himmel heruntergestiegen. Ich aber sitze da und denke, wie absurd es ist, diesem Kind rote Schuhe zu schenken, wo es doch nicht einmal ein Kleidchen trug, splitternackt war es. Und da fällt mir dauernd dieser Spruch ein, den ich als Kind gelesen und nie vergessen habe: Ich weinte, weil ich keine Schuhe hatte / aber da sah ich einen, der keine Füße hatte.

Ja, das ist Indien. Die einen leben im Überfluss, geben ihr Geld auf wahrhaft sündhafte Weise aus, und

direkt daneben verhungern sie. Es gibt wilde Indien-
bücher. Man liest sie und denkt, dass wohl alles übertrieben sei oder aber längst nicht mehr praktiziert
werde. Aber wir irren. All diese abergläubischen An-
sichten sind immer noch tief verwurzelt im Volk, bis
hin zum gebildeten Volk. Einer meiner Lokalführer
erzählte mir, das gemeine Volk glaube zum Teil heute
noch, dass ein Mann von einer Geschlechtskrankheit
geheilt werde, wenn er ein kleines Mädchen verge-
waltige! Und so sind die Vergewaltigungen von fünf-
bis sechsjährigen Mädchen hier an der Tagesordnung.
Oft sterben die kleinen Mädchen an den physischen
und psychischen Schäden einer Vergewaltigung. Vieles wusste ich, in Ansätzen mindestens, aus meiner
Literatur, aber man ist anders betroffen, wenn es einem an Ort und Stelle verbal bestätigt wird.
Es ist ein faszinierendes Land, ein Land, an dem
man sich nicht sattsehen kann. Die Landschaft im
Norden oder auch in Zentralindien ist dürr. Der Süden ist grün, vor allem nach dem Monsunregen. Die
Frauen in ihren farbenfrohen Gewändern und ihrem
Schmuck bringen unglaubliche Farbtupfer rein. Es
sind bewundernswerte Frauen. Dass Misshandlun-
gen, ja gar Mord durch Verbrennung im heutigen Indien immer noch an der Tagesordnung sind, hat mir
die Begegnung mit Indien nicht leichter gemacht.
Und natürlich auch die unsägliche Armut nicht, deshalb möchte ich hier Johann Schicht zitieren: »Solange es Menschen gibt, die das verbrauchen, was sie
nicht brauchen, wird es immer Menschen geben, die
das nicht haben, was sie brauchen.«

Die verlorene Tasche – ein Nachtrag

Wenn ich zurückblicke, staune ich, wie wir in früheren Zeiten unsere Probleme ohne Mobiltelefon und Internet zu lösen vermochten. Nach meiner Pensionierung in der Kommunikationsabteilung eines Medienunternehmens fragte mich meine ehemalige Kollegin Ghislaine: »Willst du nicht wieder einsteigen, Roswitha? Wir brauchen dringend Reiseleiter!«

Ghislaine erschien mir wie ein rettender Engel, denn ich fühlte mich zu fit, um in Rente zu gehen. Seither habe ich erneut viele wunderbare Reisen geleitet.

Reisen ist inzwischen viel unkomplizierter geworden, und es hat in den vergangenen Jahren selten Probleme gegeben. Die Reisen sind hervorragend organisiert, normalerweise läuft alles wie am Schnürchen. Aber eine Geschichte aus jüngerer Zeit illustriert den Unterschied zwischen einer Situation, an der ich vor dreißig Jahren wahrscheinlich gescheitert wäre, und wie es hier, dank Mobiltelefon und einer Portion Glück beziehungsweise Leuten mit wachem Verstand, zu einem Happy End kam.

Martigny im Wallis war der Ausgangspunkt unserer Reise nach Skandinavien. Hier holten wir die ersten Gäste ab, weitere Kunden warteten in Montreux und Lausanne. Normalerweise fahren wir pünktlich ab, aber an diesem Morgen fehlten mir um fünf Uhr früh zwei Kundinnen. Kurz darauf stand eine der beiden vor mir. Nervös stammelte sie: »Meine Freundin hat ihre Handtasche im Zug liegen lassen … mit allem drin: Pass, Geld, Kreditkarten, Handy, Hausschlüssel.« Nach einer Schrecksekunde rannte ich zur Bahnstation. Ich hoffte, den Zug aufhalten zu können – aber ich sah nur noch die Schlusslichter. Aufgelöst bat ich den Bahnhofsvorsteher, sofort Kontakt mit dem Zugpersonal aufzunehmen. Das tat er, obwohl ich ihn verärgert hatte, denn ich hatte ihn aufgeregt angesprochen, während er doch den Zug abfertigen musste.

Sie war im Zug, die Tasche, wie aber sollte sie zu uns kommen?

»Wohin fährt Ihr?« wollte der Zugführer wissen.

»Nach Montreux.« Das war nicht nur unser nächster Halt, sondern auch jener des Zuges, in dem die Tasche vergessen gegangen war. Der Zugführer schlug uns vor, jemanden zum Bahnsteig 1 in Montreux zu schicken, um die Tasche bei Ankunft des Zuges abzuholen, bloß: Meine Gäste aus Montreux waren noch zuhause, und mit dem Bus brauchten wir viel länger. Aus Zeitgründen – so hatte man uns erklärt – konnte das Zugpersonal nicht aussteigen, um die Tasche jemandem zu übergeben. Ich hatte mir die mobile Telefonnummer des Zugführers geben lassen, zur Sicherheit, falls die Tasche in Lausanne oder Genf ankommen würde. Aber eine Ziffer fehlte. In der Aufregung hatte ich die Nummer nicht wiederholt, was ich normalerweise tue. Ich versuchte, die offizielle Nummer der SBB anzurufen. Doch dort beschied mir eine Ansage, dass das Telefon erst ab neun Uhr bedient sei. Inzwischen war es halb sechs. Ich telefonierte mit dem Pikettdienst unseres Reiseunternehmens. Die diensthabende Gaby riet mir, die Dame zurückzulassen. »Du könntest Ärger bekommen mit einem Gast ohne Dokumente, und das würde den Reiseablauf beeinträchtigen.«

In der Tat wäre es problematisch geworden, denn die Grenzbehörden kontrollierten unsere Dokumente während der Reise mehrfach.

Zusammen entwarfen wir Szenarien, wie die Kundin zuerst der Tasche und anschließend der Gruppe nachreisen könnte. Die Dame war verzweifelt, und ich ehrlich gestanden auch.

Mitten in unsere Überlegungen klingelte das Telefon des Busfahrers. Am anderen Ende war der Pikettdienst unseres Busunternehmens. Marco war am Telefon und fragte: »Vermisst ihr vielleicht eine Tasche? Wenn ja: Sie ist in Montreux bei einem MOB-Mitarbeiter.« Wir waren sprachlos: Der Zugführer hatte auf gut Glück unser Busunternehmen kontaktiert.

In Montreux brachte uns der Busfahrer zum Bahnhof. Ich war unruhig. Wo sollten wir den Mitarbeiter suchen? Ich hatte weder Angaben zu Namen noch Telefonnummern. Der Bahnhof ist groß, sämtliche Schalter und Büros waren noch geschlossen, wir konnten niemanden um Auskunft bitten. Wir waren ratlos, irrten herum, dann betraten wir eine Cafeteria. Es war der einzige Ort, der zu dieser frühen Stunde geöffnet war.

Ich fragte die Bedienung an der Theke, wo die MOB-Angestellten zu finden seien. Sie zuckte mit den Schultern. Da betrat ein kleiner, drahtiger Mann das Café, schaute uns prüfend an und fragte, ob wir eine Tasche suchten. Wir bejahten. »Ich habe sie nicht«, sagte er langsam. Er legte eine genüssliche Pause ein und sagte dann: »Aber ich weiß, wer sie hat.« Gemächlich bestellte er seinen Kaffee und seine zwei Croissants (ich weiß noch heute, dass es zwei waren), während wir daneben standen und versuchten, unsere Ungeduld zu verstecken. Dann führte uns der Retter in unserer Not an einen Ort, den wir im Leben nie allein gefunden hätten, treppauf, treppab, über viele Gleise … Ich war in Panik, dass wir nun auch noch Formalitäten würden erledigen müssen, denn dazu hatten wir einfach keine Zeit. Vor uns lagen knapp tausend Kilometer, und weitere zwanzig Gäste warteten darauf, abgeholt zu werden. Aber wir erhielten die Tasche ohne viel Federlesen, und beide brachen wir in Tränen aus vor Erleichterung.

Die Reise nach und in Skandinavien erfolgte problemlos, es war eine traumhafte Reise, und jedes Mal, wenn sich meine Blicke mit jenen der betroffenen Dame kreuzten, leuchteten unsere Augen auf.

Telegramme Verlag

Romana Ganzoni
Magdalenas Sünde

Zwar hat Magdalena nach Jahren der Prostitution endlich Arbeit in einer Zürcher Konditorei gefunden, für rettbar hält sie sich trotzdem nicht. Unfähig, ihr Leben in die eigene Hand zu nehmen, lässt sie sich von einem narzisstischen Schriftsteller auf jede denkbare Weise demütigen. Bis sie in ihrer Mittagspause im Café das französische Feingebäck aus dem Löffel klaubt, in den Espresso tunkt und dabei ein Spiel aus Kindertagen erinnert, das sich mit dem schönen Gesicht ihrer Jugendfreundin verbindet. Diese nimmt auch in der Realität bald einen wichtigen Platz in ihrem Leben ein – mehr noch, sie könnte sich als ihre Retterin erweisen. Beginnt nun doch ein neues Kapitel für Magdalena?

»Eigenwillige Sprache und
sinnlich-dadaistische Bilder.«
Schweizerische Depeschenagentur

Klappenbroschur, CHF 19.90, EUR 14
ISBN 978-3-907198-52-0
(3. Auflage)

Telegramme Verlag

Dana Grigorcea
Über Empathie.
Macht uns die Kunst zu besseren Menschen?

»Mir scheint, dass am Anfang eines jeden künstlerischen Prozesses die Bewunderung für andere steht, die Kontemplation, die Freude an der Sinnlichkeit, überhaupt die Bereitschaft zum Genuss. Unsere Gesellschaft huldigt allerdings mehr und mehr der schnellen Tat, der Produktivität – mir fallen dabei Begriffe aus meiner Kindheit in der kommunistischen Diktatur ein: Stachanowismus und Planwirtschaft. Meinen in demokratischen Staaten aufgewachsenen Lesern werden andere Begriffe dafür einfallen: Taylorismus, McKinsey, Management, selbst – o Graus – Kulturmanagement!«

»Dana Grigorcea geht es um die spannungsreichen Wechselwirkungen zwischen Liebe und Empathie, Kunst und Ästhetik.«
Deutschlandfunk

Klappenbroschur, CHF 19.90, EUR 14
ISBN 978-3-907198-79-7
(2. Auflage)